Finanzbuchhaltung 3 Lösungen

Franz Carlen
Franz Gianini
Anton Riniker

Finanzbuchhaltung 3

Höhere Finanzbuchhaltung

Lösungen

VERLAG:SKV

Franz Carlen, Franz Gianini, Anton Riniker
Finanzbuchhaltung 3
Höhere Finanzbuchhaltung

16. Auflage 2020   ISBN 978-3-286-34466-2
Bundle: 2 Bände Theorie und Aufgaben sowie Lösungen

© Verlag SKV AG, Zürich
www.verlagskv.ch

Haben Sie Fragen, Anregungen oder Rückmeldungen?
Wir nehmen diese gerne per E-Mail an feedback@verlagskv.ch entgegen.

Inhaltsverzeichnis

3 Obligationenanleihen 43

1   Das Rechnungswesen des Unternehmens

1.1   Aufgaben des Rechnungswesens

Planungs- und Entscheidungsinstrument, Kontrollinstrument, Führungsinstrument, Informationsquelle

1.2   Teilbereiche des Rechnungswesens

A Finanzbuchhaltung, Betriebsbuchhaltung, Kalkulation, Geldflussrechnung, Konzernrechnung, Statistik und Betriebsanalyse, Planungsrechnung, Sonderrechnungen

B 1   10000.–
2   7000.–

C 7000.–

1.3   Merkmale der höheren Finanzbuchhaltung

A Die folgenden Merkmale treffen nicht zu:
Seltenheit der Ereignisse, langfristige Auswirkungen, Komplexität und hoher Schwierigkeitsgrad

B • Gründung
• Kapitalerhöhung
• Umwandlung
• Obligationenanleihen
• Fusion
• Sanierung
• Kapitalherabsetzung
• Liquidation
• Abspaltung

2   Unternehmensgründung und Beteiligungsfinanzierung

2.1   Juristische Personen

1, 4, 5

2.2   Haftung der Gesellschafter im Konkursfall der Kollektivgesellschaft

2, 4

2.3   Gewinnverteilung bei einer Kollektivgesellschaft

8000.–; vergleiche OR 557 und 533.

2.4   Besondere Körperschaften

1   Kommanditaktiengesellschaft (sehr selten)
2   Genossenschaft
3   Verein (ZGB 60 ff.)

2.5 Gründung eines Einzelunternehmens

A

1	a	Bank	/ Eigenkapital	10000.–
	b	Fahrzeuge	/ Eigenkapital	20000.–
2	a	Bank	/ Darlehen	35000.–
	b	Wertschriften	/ Darlehen	5500.–

B

Gründungsbilanz

Umlaufvermögen		Langfristiges Fremdkapital	
Bank	45000	Darlehen	40500
Wertschriften	5500		
		Eigenkapital	
Anlagevermögen		Eigenkapital	30000
Fahrzeuge	20000		
	70500		70500

2.6 Die Stellung der Ehefrau im Konkursfall des Ehemannes

A Nichts; die Einlage stellt Eigenkapital dar.

B Nichts

C 56,06 % [1] von 80000.– = 44848.–

2.7 Die Stellung des stillen Gesellschafters im Konkurs des Einzelunternehmers

F. Fischli: 170
G. Ganter: 0

[1] Fremdkapital und Darlehen 330000.– ⟶ 100 %
Aktiven 185000.– ⟶ 56,06 % = Konkursdividende

2.8 Gründung eines Einzelunternehmens mit Beteiligung der Ehefrau

A

Gründungsbilanz

Bank	76 900	Eigenkapital	185 300
Wertschriften	108 400		
	185 300		185 300

B–**D**

Bank				Wertschriften				Handelswaren			
AB	76 900	52 500	11	AB	108 400	28 400	10	14	73 680	73 680	SB
		15 240	13								
SB	40 840	50 000	15			80 000	SB				

Heizmaterial				Mobiliar und Einrichtungen				Liegenschaften			
6	1 800	1 800	SB	13	15 240	15 240	SB	5	220 000	220 000	SB

Verbindlichkeiten aus L+L				Hypothekarzinsschuld				Hypotheken			
15	50 000	73 680	14	SB	900	900	8			80 000	7
SB	23 680							SB	140 000	60 000	9

Abrechnungskonto				Eigenkapital			
7	80 000	220 000	5	SB	185 300	185 300	AB
8	900	1 800	6				
9	60 000						
10	28 400						
11	52 500						
	221 800	221 800					

Anmerkung

Die Buchungstatsache 12 ergibt keinen Eintrag, da es keine Buchung gibt.

E

Bilanz des Einzelunternehmens S. Feusi

Umlaufvermögen		Kurzfristiges Fremdkapital	
Wertschriften	80 000	Verbindlichkeiten aus L+L	23 680
Handelswaren	73 680	Bank	40 840
Heizmaterial	1 800	Hypothekarzinsschuld	900
Anlagevermögen		Langfristiges Fremdkapital	
Mobiliar und Einrichtungen	15 240	Hypotheken	140 000
Liegenschaften	220 000	Eigenkapital	
		Eigenkapital	185 300
	390 720		390 720

<table>
<tr><td>**F**</td><td>Bank</td><td>/ Darlehen</td><td>60 000.– (anstelle Buchungstatsache 3)</td></tr>
<tr><td></td><td>Wertschriften</td><td>/ Darlehen</td><td>80 000.– (anstelle Buchungstatsache 4)</td></tr>
</table>

G Eigenkapital wird aufgelöst in: • Darlehen 140 000.– (der Ehefrau)

• Eigenkapital 45 300.– (des Ehemannes)

H Vorteile

• Klare Trennung der Vermögensteile der Ehepartner für den Fall des Konkurses, der Scheidung oder des Todes eines Ehepartners
• Pfandsicherung des Darlehens möglich

Nachteile

• Bilanzoptik: Ungünstiger Eigenfinanzierungsgrad, da weniger Eigenkapital. Folge: Schlechtere Bonität
• Evtl. Verzinsung des Darlehens
• Darlehensrückzug bei Scheidung einfacher

2.9 Erbteilung und Geschäftsübernahme durch die Erben

Teil 1

A. Güterrechtliche Auseinandersetzung

A

Reinvermögen bei der Erbteilung	240
– Eigengut	60
Errungenschaft	180

B

½ der Errungenschaft	90
+ Eigengut Johanna Meier	40
Guthaben der Ehefrau	130

B. Erbrechtliche Teilung

C

½ der Errungenschaft	90
+ Eigengut Robert Meier	20
Erbmasse	110

D

Guthaben der Ehefrau (siehe **B**)	130
+ ½ Erbmasse	55
Gesamtguthaben der Witwe	185

E $\dfrac{\text{½ Erbmasse}}{2} = \underline{27{,}5}$

F Steuern: • Einkommens- und Vermögenssteuer des Erblassers
• Erbschaftssteuer, sofern die kantonale Gesetzgebung eine solche vorsieht.

Teil 2

Fall 1

A

1	Eigenkapital	/ Übergabekonto	55
2	Übergabekonto	/ Immobilien	300
	Hypotheken	/ Übergabekonto	120
3	Mietzinsguthaben	/ Übergabekonto	15
4	Darlehensguthaben	/ Übergabekonto	110

B

Eröffnungsbilanz des Einzelunternehmens Johanna Meier

Umlaufvermögen		Kurzfristiges Fremdkapital	
Kasse, Post, Bank	30	Verbindlichkeiten aus L + L	34
Warenvorrat	50	Rückstellung	6
Mietzinsguthaben (ARA)[1]	15		
		Eigenkapital	
Anlagevermögen		Eigenkapital	185
Darlehensguthaben[1]	110		
Mobilien	20		
	225		225

Fall 2

A

1	Keine Buchung		
2	Bank	/ Hypotheken	50
3	Eigenkapital	/ Bank	27,5

B

Eröffnungsbilanz des Einzelunternehmens Fritz Meier

Umlaufvermögen		Kurzfristiges Fremdkapital	
Kasse, Post, Bank	52,5	Verbindlichkeiten aus L + L	34
Warenvorrat	50	Rückstellung	6
Anlagevermögen		**Langfristiges Fremdkapital**	
Mobilien	20	Hypotheken	170
Immobilien	300		
		Eigenkapital	
		Eigenkapital	212,5[2]
	422,5		422,5

C Abfindungssumme ist zu gering, wenn noch stille Reserven und ein Goodwill vorhanden sind.

Fall 3

A

1	Eigenkapital	/ Kapital F. Meier	27,5
2	Eigenkapital	/ Kommandite B. Meier[3]	20
3	Eigenkapital	/ Kasse	7,5
4	Eigenkapital	/ Darlehen	185

[1] gegenüber den Kindern
[2] inkl. 185 stille Teilhaberin
[3] oder Kapital B. Meier

B

Eröffnungsbilanz der Kommanditgesellschaft

Umlaufvermögen		Kurzfristiges Fremdkapital	
Kasse, Post, Bank	22,5	Verbindlichkeiten aus L+L	34
Warenvorrat	50	Rückstellung	6
Anlagevermögen		Langfristiges Fremdkapital	
Mobilien	20	Darlehen	185
Immobilien	300	Hypotheken	120
		Eigenkapital	
		Kapital F. Meier	27,5
		Kommandite B. Meier	20
	392,5		392,5

C Im Fall 2 besteht zwischen Witwe Meier und ihrem Sohn ein Gesellschaftsverhältnis gemäss OR 530 ff. Ihre Einlage stellt Eigenkapital dar. Im Gesellschaftskonkurs kann sie deshalb keine Forderung geltend machen.

Im Fall 3 stellt die Einlage der Witwe Meier Fremdkapital dar. Im Gesellschaftskonkurs kann sie deshalb als (Darlehens-)Gläubigerin ihre Forderung in der 3. Klasse des Kollokationsplanes anmelden.

Fall 4

A

1	Bank	/ Immobilien	180	
2	Hypotheken	/ Immobilien	120	
3	Eigenkapital	/ Bank	185	Anteil Mutter
4	Eigenkapital	/ Kapital B. Meier	27,5	Anteil Schwester
	Eigenkapital	/ Kapital F. Meier	27,5	Anteil Bruder

B

Eröffnungsbilanz der Kollektivgesellschaft

Umlaufvermögen		Kurzfristiges Fremdkapital	
Kasse, Post, Bank	25	Verbindlichkeiten aus L+L	34
Warenvorrat	50	Rückstellung	6
Anlagevermögen		Eigenkapital	
Mobilien	20	Kapital B. Meier	27,5
		Kapital F. Meier	27,5
	95		95

C Weitere Fälle: Erbengemeinschaft, GmbH, AG, B. Meier übernimmt das Geschäft mit oder ohne Beteiligung von Mutter und Bruder.

2.10 Gründung einer Kollektivgesellschaft

A

1	a	Einbringung Fischer	/ Kapital Fischer		700
	b	Einbringung Gerber	/ Kapital Gerber		1 400
	c	Einbringung Studer	/ Kapital Studer		700
2	a	Liegenschaft	/ Einbringung Fischer		3 500
	b	Einbringung Fischer	/ Hypotheken		2 800
3	a	Kasse	/ Einbringung Gerber		140
	b	Bank	/ Einbringung Gerber		210
	c	Wertschriften	/ Einbringung Gerber		350
	d	Warenvorrat	/ Einbringung Gerber		685
	e	Keine Buchung oder			
		Privat Gerber	/ Einbringung Gerber		15
4	a	Forderungen aus L + L	/ Einbringung Studer		210
	b	Warenvorrat	/ Einbringung Studer		350
	c	Darlehen an Studer	/ Einbringung Studer		140

B

Gründungsbilanz der Kollektivgesellschaft

Umlaufvermögen		Langfristiges Fremdkapital	
Kasse	140	Hypotheken	2 800
Bank	210		
Wertschriften	350	**Eigenkapital**	
Forderungen aus L + L	210	Kapital Fischer	700
Einbringung Gerber	15	Kapital Gerber	1 400
Warenvorrat	1 035	Kapital Studer	700
Anlagevermögen			
Darlehen an Studer	140		
Liegenschaft	3 500		
	5 600		5 600

C

1	Einzahlung Studer	/ Kapital Studer		700
2	Bank	/ Einzahlung Studer		700

2.11 Aufnahme eines neuen Gesellschafters

Variante I

A

$$\text{Vogel} \quad \underline{25\,200.-} = \frac{42\,000 \cdot 150\,000}{250\,000}$$

$$\text{Katz} \quad \underline{16\,800.-} = \frac{42\,000 \cdot 100\,000}{250\,000}$$

B	1	Übrige Aktiven	/ Reserven[1]	33 000.–
		Reserven	/ Privat Vogel	25 200.–
		Reserven	/ Privat Katz	16 800.–
	2	Liquide Mittel	/ Kapital Leu	100 000.–

C

Bilanz nach Aufnahme von Leu

Liquide Mittel	112 000	Diverses Fremdkapital	38 000
Übrige Aktiven	320 000	Privat Vogel	26 700
		Privat Katz	17 300
		Kapital Vogel	150 000
		Kapital Katz	100 000
		Kapital Leu	100 000
	432 000		432 000

Variante II

D			
Kapital Katz und Vogel	250 000.–	⟶	100 %
Reserven Katz und Vogel	42 000.–	⟶	16,8 %
Kapital Leu	100 000.–	⟶	100 %
Reserven Leu (= Aufgeld)	16 800.–	⟵	16,8 %

E	Liquide Mittel	/ Kapital Leu	100 000.–
	Liquide Mittel	/ Kapital Vogel	7 200.–
	Liquide Mittel	/ Kapital Katz	4 800.–
	Liquide Mittel	/ Kapital Leu	4 800.–

F

Bilanz nach Aufnahme von Leu

Liquide Mittel	128 800	Diverses Fremdkapital	38 000
Übrige Aktiven	287 000	Privat Vogel	1 500
		Privat Katz	500
		Kapital Vogel	157 200
		Kapital Katz	104 800
		Kapital Leu	104 800
		Reserven	9 000
	415 800		415 800

G	Liquide Mittel	/ Kapital Leu	100 000.–
	Liquide Mittel	/ Reserven	16 800.–

[1] Auch die erfolgsunwirksame Auflösung von unversteuerten stillen Reserven ist steuerbarer Ertrag.

Variante III

$$\boxed{\text{G}} \quad \text{Vogel} \quad \underline{18\,000.-} = \frac{42\,000 \cdot 150\,000}{350\,000}$$

$$\text{Katz} \quad \underline{12\,000.-} = \frac{42\,000 \cdot 100\,000}{350\,000}$$

$$\text{Leu} \quad \underline{12\,000.-} = \frac{42\,000 \cdot 100\,000}{350\,000}$$

$$\boxed{\text{I}} \quad \text{Vogel} \quad \underline{7\,200.-} = 25\,200.- \; - \; 18\,000.-$$

$$\text{Katz} \quad \underline{4\,800.-} = 16\,800.- \; - \; 12\,000.-$$

$\boxed{\text{K}}$	Liquide Mittel	/ Kapital Leu	100 000.–

2.12 Abschluss einer Kollektivgesellschaft und Aufnahme eines neuen Gesellschafters

$\boxed{\text{A}}$	1	a	Immobilienaufwand	/ Bank	140
		b	Hypotheken	/ Bank	200
		c	Bank	/ Finanzertrag	8
		d	VST-Guthaben	/ Finanzertrag	4
		e	Finanzaufwand	/ Bank	7
	2	a	Übriger Betriebsaufwand	/ Passive Rechnungsabgrenzung	95
		b	Forderungen aus L + L	/ Warenverkauf	50
	3	a	Personalaufwand	/ Privat Zoller	100
			Personalaufwand	/ Privat Koch	100
		b	Finanzaufwand	/ Privat Zoller	400 [1]
			Finanzaufwand	/ Privat Koch	320 [2]
	4	a	Abschreibungen	/ WB Mobilien und Fahrzeuge	200
		b	Immobilienaufwand	/ WB Immobilien	160
	5		Wareneinkauf	/ Warenvorrat	200 [3]
	6	a	Privat Koch	/ Immobilienertrag	250
		b	Immobilienaufwand	/ Post	100
			Privat Koch	/ Post	120

[1] 4 % von 10 000
[2] 4 % von 8 000
[3]

Warenlager zu VP	16 200	⟶ 100 %
Warenlager zu EP	10 800	⟵ 66⅔ %
– Stille Reserven	3 000	
Buchwert SB	7 800	
Buchwert AB	8 000	
Bestandesabnahme	200	

oder:

Warenvorrat	Extern	Intern	St. Res
AB	8 000	11 000	3 000
SB	7 800	10 800	3 000
Veränderung	– 200	– 200	0

B

Bilanz vor Gewinnverwendung vom 31. Dezember 20_0

Umlaufvermögen			Kurzfristiges Fremdkapital		
Kasse, Post		1 080	Verbindlichkeiten aus L + L		2 800
Bank		1 361	Privat Koch		450
Forderungen aus L + L		3 050	Passive Rechnungsabgrenzung		95
VST-Guthaben		4			
Privat Zoller		300	**Langfristiges Fremdkapital**		
Einzahlungskonto Koch		2 000	Hypotheken		3 800
Warenvorrat		7 800			
			Eigenkapital		
Anlagevermögen			Kapital Zoller		10 000
Mobilien u. Fahrzeuge	2 000		Kapital Koch		10 000
WB Mobilien u. Fahrz.	– 1 200	800	Jahresgewinn		3 590
Immobilien	16 000				
WB Immobilien	– 1 660	14 340			
		30 735			30 735

Erfolgsrechnung für 20_0

Warenaufwand	30 700	Warenertrag	43 850
Personalaufwand	1 700	Finanzertrag	12
Übriger Betriebsaufwand	6 995		
Abschreibungen	200		
Finanzaufwand	827		
Immobilienaufwand	850	Immobilienertrag	1 000
Jahresgewinn	3 590		
	44 862		44 862

C

7	a	Jahresgewinn	/ Freiwillige Gewinnreserven	1 000
	b	Jahresgewinn	/ Privat Zoller	1 295
		Jahresgewinn	/ Privat Koch	1 295
	c	Privat Koch	/ Einzahlungskonto Koch	1 200

D

Bilanz nach Gewinnverwendung

Umlaufvermögen			Kurzfristiges Fremdkapital		
Kasse, Post		1 080	Verbindlichkeiten aus L + L		2 800
Bank		1 361	Privat Zoller		995
Forderungen aus L + L		3 050	Privat Koch		545
VST-Guthaben		4	Passive Rechnungsabgrenzung		95
Einzahlungskonto Koch		800			
Warenvorrat		7 800	**Langfristiges Fremdkapital**		
			Hypotheken		3 800
Anlagevermögen					
Mobilien u. Fahrzeuge	2 000		**Eigenkapital**		
WB Mobilien u. Fahrz.	– 1 200	800	Kapital Zoller		10 000
Immobilien	16 000		Kapital Koch		10 000
WB Immobilien	– 1 660	14 340	Freiwillige Gewinnreserven		1 000
		29 235			29 235

E	8	a	Bank	/ Einzahlungskonto Koch	300
		b	Privat Koch	/ Einzahlungskonto Koch	500

F Die Aufteilung der Reserven geschieht im Verhältnis zum **alten** Kapital.

bisher					Anteil Blumer	
Kapital Zoller und Koch	20 000	→	100 %	→	10 000	
Offene Reserven	1 000	→	5 %	→	500	⎫ 2 000
Stille Reserven	3 000	→	15 %	→	1 500	⎭

9	a	Einbringungskonto Blumer	/ Kapital Blumer	10 000
	b	Einbringungskonto Blumer	/ Gesetzliche Kapitalreserve	2 000
	c	Wertschriften	/ Einbringungskonto Blumer	6 300
	d	Bank	/ Einbringungskonto Blumer	5 700

G

Bilanz nach Aufnahme von F. Blumer

Umlaufvermögen			Kurzfristiges Fremdkapital	
Kasse, Post		1 080	Verbindlichkeiten aus L+L	2 800
Bank		7 361	Privat Zoller	995
Wertschriften		6 300	Privat Koch	45
Forderungen aus L+L		3 050	Privat Blumer	–
VST-Guthaben		4	Passive Rechnungsabgrenzung	95
Warenvorrat		7 800		
			Langfristiges Fremdkapital	
Anlagevermögen			Hypotheken	3 800
Mobilien u. Fahrzeuge	2 000			
WB Mobilien u. Fahrz.	– 1 200	800	Eigenkapital	
			Kapital Zoller	10 000
Immobilien	16 000		Kapital Koch	10 000
WB Immobilien	– 1 660	14 340	Kapital Blumer	10 000
			Gesetzliche Kapitalreserve	2 000
			Freiwillige Gewinnreserven	1 000
		40 735		40 735

H Die Aufteilung der Reserven geschieht im Verhältnis zum **neuen** Kapital.

			Anteil Blumer		
Kapital Zoller und Koch	20 000				
Kapital Blumer	10 000		10 000	←	100 %
Neues Kapital	30 000	→ 100 %			
Offene u. stille Reserven	4 000	→ 13⅓ %	1 333.35	←	13⅓ %

Kontrolle offene und stille Reserven

Alter Bestand je bisheriger Teilhaber	2 000	
Neuer Bestand je bisheriger Teilhaber	1 333.35	
Entschädigung je bisheriger Teilhaber	666.65	durch F. Blumer

Buchung

| Liquide Mittel | / Kapital Blumer | 10 000 |

Ausserhalb der Gesellschaft
Jeder bisherige Gesellschafter erhält von F. Blumer CHF 666.65 privat ausbezahlt.

2.13 Sacheinlagegründung einer Aktiengesellschaft, Ausgabekurs: pari, Liberierung: 100 %

A

1	a–c	Aktionäre	/ Aktienkapital	100
2	a	Fahrzeuge	/ Aktionäre	48
	b	Bank	/ Aktionäre	2
3	a	Wertschriften	/ Aktionäre	24
	b	Bank	/ Aktionäre	16
4		Bank	/ Aktionäre	10
5		Ausserordentlicher Aufwand	/ Bank	6

B

Gründungsbilanz der Farewell AG

Umlaufvermögen		Eigenkapital	
Bank	28	Aktienkapital	100
Wertschriften	24		
Anlagevermögen			
Fahrzeuge	48		
	100		100

C Gründungs-/Kapitalerhöhungskosten:
- Anwaltskosten
- Öffentliche Beurkundung
- Handelsregistereintrag
- Gründerentschädigung für Vorarbeiten
- Bankkommission für Einzahlung des Aktienkapitals
- Emissionsabgabe

D CHF 1 000 000.–; Freigrenze

2.14 Bargründung einer Aktiengesellschaft, Ausgabekurs: über pari, Liberierung: 50%

[A]

1		Aktionäre	/ Aktienkapital		500 000.–
		Aktionäre	/ Agio		50 000.–
2	a	Bank	/ Aktionäre		300 000.–
	b	Nicht einbezahltes Aktienkapital	/ Aktionäre		250 000.–
3		Agio	/ Bank		7 000.–
4		Agio	/ Gesetzliche Kapitalreserve		43 000.–

[B]

Gründungsbilanz der Solong AG

Umlaufvermögen		Eigenkapital	
Bank	293 000	Aktienkapital	500 000
		Gesetzliche Kapitalreserve	43 000
Anlagevermögen			
Nicht einbezahltes Aktienkapital ①	250 000		
	543 000		543 000

[C] Verwendung des Agios gemäss OR 671/2:
- Deckung Ausgabekosten
- Rest zuweisen an   – Allgemeine gesetzliche Reserve
  Heutige Praxis:
  – Gesetzliche Kapitalreserve oder
  – Reserve aus Kapitaleinlagen (Kapitaleinlagereserven)
  oder verwenden für – Abschreibungen (praxisfern)
  – Wohlfahrtszwecke (praxisfern)

[D] Die Verrechnung mit dem Agio ist steuerlich nachteilig, weil kein Aufwand verbucht wird. Steuerlich bessere Variante: In der Erfolgsrechnung als Aufwand erfassen.

[E]
- Allfällige Verluste können mit den Reserven verrechnet werden. Dadurch wird die Gefahr einer Unterbilanz mit gesetzlichen Folgen kleiner.
- In Zukunft müssen aus den Gewinnen weniger gesetzliche Reserven gebildet werden.

① Gemäss OR 959a am Schluss des Anlagevermögens aufführen.

2.15 Sachübernahmegründung einer Aktiengesellschaft, Ausgabekurs: pari, Liberierung: 100 %

A

1		Aktionäre	/ Aktienkapital	100 000.–	
2		Bank	/ Aktionäre	100 000.–	
3	a	Warenvorrat	/ Bank	140 000.–	
	b	Mobilien	/ Bank	25 000.–	
	c	Goodwill	/ Bank	60 000.–	
4		Bank	/ Aktionärsdarlehen	45 000.– [①]	

B

Gründungsbilanz der A. Felber AG

Umlaufvermögen		Kurzfristiges Fremdkapital	
Warenvorrat	140 000	Bank	80 000
Anlagevermögen		**Langfristiges Fremdkapital**	
Mobilien	25 000	Aktionärsdarlehen	45 000
Goodwill	60 000	**Eigenkapital**	
		Aktienkapital	100 000
	225 000		225 000

C   Der Goodwill entspricht dem Geschäftsmehrwert.
Goodwill = Kaufpreis (bzw. Unternehmenswert) minus Substanzwert

D
- Subjektiver = persönlich bedingter
  (z. B. Persönlichkeit, Name, Kundschaft, Kreditwürdigkeit)
- Objektiver = sachlich bedingter
  (z. B. Standort, Monopol, Produkte, Organisation)
- Derivativer = käuflich erworbener ⟶ ist aktivierbar
- Originärer = selbst erarbeiteter ⟶ ist nicht aktivierbar

E

	Sacheinlage-gründung	Sachübernahmegründung
Gemeinsamkeit	Qualifizierte Gründung (Spezielle OR-Vorschriften; Bewertung)	
Besonderheit	–	Die Gesellschaftsgründer schliessen mit einem Aktionär oder einer diesem nahe stehenden Person eine Vereinbarung ab, wonach die **künftige** AG von diesem Vermögensgegenstände **käuflich** erwirbt.
Liberierung / Kauf	Liberierung der Aktien durch Sach-einlagen (z. B. Waren, Mobilien usw.)	1) Liberierung der Aktien durch Barzahlung der **Aktionäre** 2) Barkauf der Vermögenswerte durch die **Aktiengesellschaft**
Abgeltung der Sachwerte	Mit Aktien der AG	Mit Bargeld der AG

① 100 000 – 140 000 – 25 000 – 60 000 + 80 000 (Ziel) = –45 000

2.16 Liberierung des ausstehenden Aktienkapitals und Kaduzierung von Aktien

A

1		Baukonto	/ Bank	108 000.–	$\dfrac{3\,600\,000 \cdot 3}{100}$
2		Bank	/ Nicht einbezahltes AK	2 196 000.–	
3	a	Bank	/ Nicht einbezahltes AK	200 000.–	
	b	Bank	/ Baukonto	1 666.65	$\dfrac{200\,000 \cdot 6 \cdot 60}{100 \cdot 360}$
4	a	Nicht einbezahltes AK	/ Kaduzierungserfolg	6 000.–	Einbezahlter Teil 60 %
	b	Bank	/ Nicht einbezahltes AK	10 000.–	Liberierung neue Aktien
	c	Kaduzierungserfolg	/ Bank	350.–	Bankkosten
	d	Kaduzierungserfolg	/ Gesetzl. Kapitalreserve	5 650.–	Kaduzierungsgewinn

B

4	a	Kaduzierungserfolg	/ Nicht einbezahltes AK	4 000.–	Fehlbetrag 40 %
	b	Bank	/ Kaduzierungserfolg	10 000.–	Liberierung neue Aktien
	c	Kaduzierungserfolg	/ Bank	350.–	Bankkosten
	d	Kaduzierungserfolg	/ Gesetzl. Kapitalreserve	5 650.–	Kaduzierungsgewinn

C Rechtlich ist das nicht einbezahlte Aktienkapital eine Forderung der Gesellschaft gegenüber den Aktionären (OR 634a).

Finanzwirtschaftlich ist das nicht einbezahlte Aktienkapital negatives Eigenkapital.

D Gemäss OR 959a/1 muss das nicht einbezahlte Aktienkapital in der Bilanz am Schluss des Anlagevermögens ausgewiesen werden.

Finanzwirtschaftlich sinnvoller ist es, das nicht einbezahlte Aktienkapital als Minusposten beim Eigenkapital auszuweisen. Grund: Für die Berechnung des Eigenfinanzierungsgrades, der Eigenkapitalrendite und der Dividende ist nur das einbezahlte Aktienkapital massgebend.

E Beim Aktionär

1	Bank	/ Wertschriftenertrag	140.40	$\dfrac{6 \cdot 2000 \cdot 60\,[1] \cdot 3 \cdot 65}{100 \cdot 100 \cdot 100}$
	VST-Guthaben	/ Wertschriftenertrag	75.60	
2	Wertschriftenbestand	/ Kasse	4 800.–	$\dfrac{6 \cdot 2000 \cdot 40\,[2]}{100}$

[1] 60 % einbezahlt
[2] 40 % nicht einbezahlt

2.17 Gründung einer Aktiengesellschaft durch Auflösung der Erbengemeinschaft

A

1		Aktionäre	/ Aktienkapital	100 000.–		
2	a	Diverse Aktiven	/ Einbringung Haller+Lerch	451 000.–		
	b	Einbringung Haller+Lerch	/ Diverses Fremdkapital	57 000.–		
	c	Einbringung Haller+Lerch	/ Aktionärsdarlehen	300 000.–		
	d	Aktionärsdarlehen	/ Aktionärshypothek	240 000.–		
	e	Einbringung Haller+Lerch	/ Aktionäre	94 000.–		
3	a	Bank	/ Aktionäre	4 000.–	4 Stück	
	b	Verbindlichkeiten aus L+L	/ Aktionäre	2 000.–	2 Stück	

B

Einbringungskonto Haller + Lerch

2b	57 000	451 000	2a
2c	300 000		
2e	94 000		

Aktionäre

1	100 000	94 000	2e
		4 000	3a
		2 000	3b

C

Gründungsbilanz der Lerch AG

Umlaufvermögen			Kurzfristiges Fremdkapital	
Kasse, Post, Bank		24 000	Verbindlichkeiten aus L+L	25 000
Forderungen aus L+L	30 000		Rückstellungen	6 000
WB Forderungen aus L+L	– 4 000	26 000		
Vorräte		50 000	Langfristiges Fremdkapital	
			Aktionärsdarlehen	60 000
Anlagevermögen			Aktionärshypothek	240 000
Maschinen		65 000	Hypotheken	24 000
Immobilien		290 000		
			Eigenkapital	
			Aktienkapital	100 000
		455 000		455 000

D

1 Für Haller und Lerch

Vorteile
Das eingebrachte Kapital ist zu 80 % grundpfandgesichert. Sichere Verzinsung.

Nachteile
Darlehen sind weniger leicht übertragbar als Aktien. Die Erben sind Hauptaktionäre, aber nicht im Verwaltungsrat.

2 Für Aktiengesellschaft

a Betriebswirtschaftlicher Vorteil
Bei einem Erbgang leichtere Durchführung der Teilung der Erbmasse, weil das Unternehmen nicht aufgelöst werden muss. Es werden lediglich die Aktien vererbt.

Betriebswirtschaftlicher Nachteil
Wenig Eigenkapital.

b Steuerliche Vorteile
Geringere Kapitalsteuer. Darlehenszinsen sind Betriebsaufwand und vermindern den Jahresgewinn der AG. Dies bewirkt, dass weniger Steuern zu entrichten sind (Gewinnsteuer, Verrechnungssteuer auf Dividende).

2.18 Finanzierung mit und ohne Aktionärsdarlehen

	Berechnung	Variante I	Variante II
A	1% vom Aktienkapital (Freigrenze 1 000 000.–)	10 000.–	0.–
B	– 200 000.– – (6 % von 1 000 000.–)	200 000.–	140 000.–
C	200 000.–/116 % · 16 % [1] 140 000.–/116 % · 16 % [1]	27 586.–	19 310.–
D	200 000.– – 27 586.– 140 000.– – 19 310.–	172 414.–	120 690.–

E
- Kleinere Emissionsabgabe bei der Gründung.
- Der Zins für das Aktionärsdarlehen kann bei der AG als Aufwand geltend gemacht werden; (siehe **B**). Der Zins wird nur einmal beim Aktionär als Einkommen versteuert.
- Eine Dividendenausschüttung unterliegt im Gegensatz zum Zins der wirtschaftlichen Doppelbelastung. [2]
- Weniger Kapitalsteuer bei der AG, da weniger Eigenkapital vorhanden ist.

[1] Weil bei einer Aktiengesellschaft die direkten Steuern als Aufwand geltend gemacht werden können, entspricht der Jahresgewinn vor Steuern für die Berechnung der Gewinnsteuer 116 %.
[2] In einigen Kantonen und beim Bund muss die Dividende nicht zu 100 % versteuert werden, falls eine namhafte Beteiligung an der AG vorliegt.

2.19 Aktienemissionspreis und bisheriger Aktienwert

A Zwischen Nominalwert und höherem Kurswert, Substanzwert oder Innerem Wert (Ausnahme Gratisaktien)

B Er fällt (= Kapitalverwässerung).

C Deckung der Ausgabekosten der Kapitalerhöhung, Zuweisung an die Allgemeine gesetzliche Reserve, Verwendung für Abschreibungen oder Wohlfahrtszwecke

1 Folgende Agioverwendungen sind steuerlich nicht sinnvoll, weil sie erfolgsunwirksam erfasst werden:
- Deckung der Ausgabekosten der Kapitalerhöhung
  (z. B. Verrechnung der bezahlten Ausgabekosten: Agio / Bank)
- Verwendung für Abschreibungen
  (z. B. Abschreibung auf Maschinen: Agio / Maschinen)
- Verwendung für Wohlfahrtszwecke
  (z. B. Zuweisung an Wohlfahrtsfonds: Agio / Wohlfahrtsfonds)
  Die letzten beiden Möglichkeiten kommen in der Praxis kaum vor.

2 Am häufigsten ist die Zuweisung an die Gesetzliche Kapitalreserve (Reserve aus Kapitaleinlagen) (Agio / Gesetzliche Kapitalreserve).

So können die Ausgabekosten, die Abschreibungen und die Zuweisungen an Wohlfahrtsfonds der Erfolgsrechnung belastet werden. Zudem wird das Eigenkapital gestärkt und die gesetzliche Kapitalreserve könnte z. B. später steuerfrei ausgeschüttet werden.

2.20 Prozentuale Belastung der Kapitalerhöhung

A

Kapitalzufluss (Aktienkapital)	2 000 000.– ⟶	100 %
Dividende (= Belastung)	200 000.– ⟶	10 %

B

Kapitalzufluss (Aktienkapital und Reserven)	2 600 000.– ⟶	100 %
Dividende (= Belastung)	200 000.– ⟶	7,7 %

C 6,7 %

D 5 %

E 3,3 %

2.21 Berechnung des Bezugsrechtes bei gleichen Nennwerten

A

	Bestand	Erhöhung
Aktienkapital (in Mio.)	6	1
Bezugsverhältnis	6 :	1

B ohne Formel:

Wert 6 alte Aktien zu 1 510.–	9 060.–	
Wert 1 neue Aktie zu 1 300.–	1 300.–	
Wert 7 Aktien nach Kapitalerhöhung	10 360.–	
⌀ Wert 1 Aktie nach Kapitalerhöhung		1 480.–
Wert 1 Aktie vor Kapitalerhöhung		1 510.–
Wert 1 Bezugsrecht		30.–

mit Formel:

$$B = \frac{A - E}{\dfrac{a}{n} + 1} = \frac{1\,510 - 1\,300}{\dfrac{6}{1} + 1} = \underline{30.{-}}$$

C Um den Wert des Bezugsrechtes von CHF 30.–.

D Da der Emissionspreis unter dem aktuellen (= alten) Aktienwert liegt (Normalfall), ergibt sich durch die Mischrechnung ein tieferer (neuer) Durchschnittswert.

2.22 Berechnung des Bezugsrechtes bei gleichen Nennwerten und Verbuchung einer ordentlichen Aktienkapitalerhöhung mit Vermögenszugang

A

	Bestand	Erhöhung
Aktienkapital (in Mio.)	6	4
Bezugsverhältnis (gekürzt)	3 :	2

B ohne Formel:

Wert 3 alte	Aktien zu 1600.–	4800.–	
Wert 2 neue	Aktien zu 1300.–	2600.–	
Wert 5	Aktien nach Kapitalerhöhung	7400.–	
∅ Wert 1	Aktie nach Kapitalerhöhung		1480.–
Wert 1	Aktie vor Kapitalerhöhung		1600.–
Wert 1	Bezugsrecht		120.–

mit Formel:

$$B = \frac{1600 - 1300}{\frac{3}{2} + 1} = \underline{120.-}$$

C

1	Aktionäre	/ Aktienkapital	4000000.–	
	Aktionäre	/ Agio	6400000.–	
2	Bank	/ Aktionäre	10400000.–	
3 a	(Ausserordentlicher) Finanzaufwand	/ Bank	47500.–	
b	(Ausserordentlicher) Finanzaufwand	/ Bank	102500.–[①]	
4	Agio	/ Gesetzliche Kapitalreserve	6400000.–	

D Ist die Entschädigung für das Sinken des Aktienwertes bzw. für die Kapitalverwässerung.

2.23 Bezugsrechtsberechnung bei gleichen Nennwerten und Verbuchung des Bezugsrechtes beim Aktionär

A

	Vor AK-Erhöhung	AK-Erhöhung	Nach AK-Erhöhung
Aktienkapital	1000000.–	500000.–	1500000.–
Reserven	300000.–	75000.–	375000.–
Eigenkapital	1300000.–	575000.–	1875000.–
Anzahl Aktien	10000	5000	15000
Wert einer Aktie	130.–	115.–	125.–

[①] $\quad$ Emissionsabgabe $= \dfrac{(10{,}4\ \text{Mio.} - 47\,500.–) \cdot 1}{101} = \underline{102\,500.-}$

B 2 alte Aktien bzw. Bezugsrechte (1 000 000.– : 500 000.–)

2 alte Aktien ergeben das Recht auf den Bezug einer neuen Aktie oder Kurzfassung:
2 alte Aktien : 1 neue Aktie ⟶ Bezugsverhältnis = 2 : 1

C

Emissionspreis	115.–
– Nennwert	100.–
Agio	15.–

D

Aktienwert vor AK-Erhöhung	130.–
– Aktienwert nach AK-Erhöhung	125.–
Wertverlust je alte Aktie	5.–

Dieser Wertverlust entsteht, weil der Emissionspreis unter dem bisherigen Wert liegt. Es liegt eine Kapitalverwässerung vor. Der Wertverlust von CHF 5.– entspricht dem theoretischen bzw. rechnerischen Wert eines Bezugsrechtes.

E

1 **Monti**

Wertschriftenbestand	/ Bank	115.–

2 **Berger**

Bank	/ Wertschriftenbestand	5.–
Wertschriftenbestand	/ Bank	115.–
oder		
Bank	/ Wertschriftenertrag	5.–
Wertschriftenbestand	/ Bank	115.–

3 **Palmer**

Wertschriftenbestand	/ Bank	5.–
Wertschriftenbestand	/ Bank	115.–

F

	Monti		Berger		Palmer	
	Stück	Wert	Stück	Wert	Stück	Wert
Vor AK-Erhöhung	2	260.–	3	390.–	1	130.–
+ Kauf neue Aktie	1	+115.–	1	+115.–	1	+115.–
– Verk./+ Kauf Bezugsrecht	–	–	–	– 5.–	–	+ 5.–
Nach AK-Erhöhung	3	375.–	4	500.–	2	250.–
Durchschnittswert 1 Aktie nach AK-Erhöhung		125.–		125.–		125.–

Vermögen	Monti		Berger		Palmer	
Vor AK-Erhöhung:						
Wert der Aktien	260.–		390.–		130.–	
+ Bankguthaben	1 000.–	1 260.–	1 000.–	1 390.–	1 000.–	1 130.–
Nach AK-Erhöhung:						
Wert der Aktien	375.–		500.–		250.–	
+ Bankguthaben	885.–	1 260.–	890.–	1 390.–	880.–	1 130.–
Erfolg		0.–		0.–		0.–

Anmerkung

Wegen Angebot und Nachfrage am Markt (z. B. an der Börse) können die Preise der Bezugsrechte und die Wertverminderungen der Aktien vom rechnerischen Wert abweichen.

2.24 Berechnung des Bezugsrechtes bei verschiedenen Nennwerten

A ohne Formel:

Bezugsverhältnis — alte Aktie : neue Aktie

stückmässig $\quad\quad x\underset{}{\overline{\quad 1 : 1 \quad}}x$

nennwertmässig $\quad 10 : 1$ (für je 100.– Nennwert je Stück)

gesamthaft = wertmässig $\quad = 10 : 1$

Das stückmässige Bezugsverhältnis von 1 : 1 muss mit dem Nennwert der bisherigen Aktien (nom. 1 000.–) und dem der neuen Aktien (nom. 100.–) gewichtet werden. Hier (1 · 1 000.–) : (1 · 100.–) ergibt das gesamthafte (wertmässige) Bezugsverhältnis von 10 : 1.

Das wertmässige Bezugsrecht kann auch aus dem bisherigen Aktienkapital (5 Mio.) und dem neu geschaffenen Aktienkapital (500 000.–) berechnet werden.

Wert 1 alte Aktie zu	1 800.–	→	10 Nennw. zu 100.– nom.	1 800.–
Wert 1 neue Aktie zu	150.–	→	1 Nennw. zu 100.– nom.	150.–
Wert			11 Nennw. zu 100.– nom.	1 950.–
⌀ Wert			1 Nennw. zu 100.– nom.	177.273
⌀ Wert 1 Aktie		→	10 Nennw. zu 100.– nom. nach Kapitalerh.	1 772.73
Wert 1 Aktie		→	10 Nennw. zu 100.– nom. vor Kapitalerh.	1 800.–
Wert 1 Bezugsrecht				27.27

mit Formel:

Variante 1: $\quad B = \dfrac{A - E}{\dfrac{a}{n} + 1} = \dfrac{1\,800 - 1\,500}{\dfrac{10}{1} + 1}\,(!) = \underline{27.27}$

Variante 2: $\quad B = \left(\dfrac{180 - 150}{\dfrac{10}{1} + 1} \right) \cdot 10 = \underline{27.27}$

Entweder muss der Emissionspreis von 150.– für nom. 100.– auf den theoretischen Emissionspreis für nom. 1 000.– hochgerechnet werden, nämlich auf 1 500.– (vergleiche Variante 1) oder der bisherige Aktienwert von 1800.– muss auf einen theoretischen Aktienwert für nom. 100.– umgerechnet werden, nämlich auf 180.– (vergleiche Variante 2).

B ohne Formel:

Bezugsverhältnis

	alte Aktie	neue Aktie

stückmässig $\quad\quad\quad\quad$ x———x $\begin{bmatrix} 1 : 2 \\ 10 : 1 \end{bmatrix}$

nennwertmässig $\quad\quad\quad\quad$ (für je 100.– Nennwert je Stück)

gesamthaft = wertmässig $\quad = \underline{10 : 2}$ $\quad$ (oder 5 : 1, gekürzt)

Wert 1 alte Aktie zu	1800.–	⟶	10 Nennw. zu 100.– nom.	1800.–
Wert 2 neue Aktien zu	150.–	⟶	2 Nennw. zu 100.– nom.	300.–
Wert			12 Nennw. zu 100.– nom.	2100.–
⌀ Wert			1 Nennw. zu 100.– nom.	175.–
⌀ Wert 1 Aktie		⟶	10 Nennw. zu 100.– nom. nach Kapitalerh.	1750.–
Wert 1 Aktie		⟶	10 Nennw. zu 100.– nom. vor Kapitalerh.	1800.–
Wert 1 Bezugsrecht				50.–

mit Formel:

Variante 1: $\quad B = \dfrac{A - E}{\dfrac{a}{n} + 1} = \dfrac{1800 - 1500 \,(!)}{\dfrac{10}{2} + 1} = \underline{50.-}$

Variante 2: $\quad B = \left(\dfrac{180 - 150}{\dfrac{10}{2} + 1} \right) \cdot 10 = \underline{50.-}$

2.25 Berechnung des Bezugsrechtes bei verschiedenen Nennwerten und Titelkategorien

Anteil der alten Aktien und bisherigen Partizipationsscheine an der Aktienkapitalerhöhung

		AK		PS	Total
Aufteilung des Nominalkapitals vor Aktienkapitalerhöhung		8 Mio.		2 Mio.	10 Mio.
Aufteilung Aktienkapitalerhöhung	– im Verhältnis	4	:	1	5
	– in Stücken	16 000		4 000	20 000

Bezugsverhältnis für die alten Aktien

	mit absoluten Werten	
	Aktie	AK-Erh.
Stückzahl	80 000	16 000
Nominalwert/Stück	100.–	100.–
Gesamtbetrag	8 Mio.	1,6 Mio.

	im Verhältnis	
	Aktie	AK-Erh.
stückmässig	⌈ 5 : 1 ⌉
nennwertmässig	⌊ 1 : 1 ⌋
gesamtwertmässig	5 : 1

Bezugsverhältnis für die bisherigen Partizipationsscheine

	mit absoluten Werten	
	PS	AK-Erh.
Stückzahl	100 000	4 000
Nominalwert/Stück	20.–	100.–
Gesamtbetrag	2 Mio.	0,4 Mio.

	im Verhältnis	
	PS	AK-Erh.
stückmässig	⌈ 25 : 1 ⌉
nennwertmässig	⌊ 1 : 5 ⌋
gesamtwertmässig	25 : 5

Wert eines Bezugsrechtes für eine Aktie

ohne Formel:

Wert 5 alte	Aktien zu 620.–	3 100.–	
Wert 1 neue	Aktie zu 500.–	500.–	
Wert 6	Aktien nach Kapitalerhöhung	3 600.–	
⌀ Wert 1	Aktie nach Kapitalerhöhung		600.–
Wert 1	Aktie vor Kapitalerhöhung		620.–
Wert 1	Bezugsrecht		20.–

mit Formel:

$$B = \frac{A - E}{\frac{a}{n} + 1} = \frac{620 - 500}{\frac{5}{1} + 1} = \underline{20.–}$$

Wert eines Bezugsrechtes für einen Partizipationsschein

ohne Formel:

Wert 25 alte	PS	zu 120.–	→	25 Nennwerte zu 20.– nom.		3 000.–
Wert 1 neue	Aktie	zu 500.–	→	5 Nennwerte zu 20.– nom.		500.–
Wert				30 Nennwerte zu 20.– nom.		3 500.–
∅ Wert				1 Nennwert zu 20.– nom.		116.65
∅ Wert 1	PS		→	1 Nennwert zu 20.– nom. nach Kapitalerh.		116.65
Wert 1	PS		→	1 Nennwert zu 20.– nom. vor Kapitalerh.		120.–
Wert 1	Bezugsrecht					3.35

mit Formel:

$$B = \frac{A - E}{\frac{a}{n} + 1} = \frac{120 - \frac{500}{5}}{\frac{25}{5} + 1} = \underline{3.35}$$

2.26 Berechnung des Aktienemissionspreises

A

	Bestand	Erhöhung
Aktienkapital (in Mio.)	8	2
Bezugsverhältnis (gekürzt)	4 :	1

B ohne Formel:

Wert 4 alte	Aktien zu 4 900.–	19 600.–	
Wert 1 neue	Aktie zu ?	**3 650.–**	←
Wert 5	Aktien nach Kapitalerhöhung	23 250.–	
∅ Wert 1	Aktie nach Kapitalerhöhung	4 650.–	
Wert 1	Aktie vor Kapitalerhöhung	4 900.–	
Wert 1	Bezugsrecht	250.–	

mit Formel:

$$E = A - B \cdot \left(\frac{a}{n} + 1\right) = 4\,900 - 250 \cdot \left(\frac{4}{1} + 1\right) = \underline{3\,650.–}$$

2.27 Vereinheitlichung des Aktienkapitals und ordentliche Aktienkapitalerhöhung

[A]

1	a	Prioritätsaktienkapital A	/ Aktienkapital	2 360 000.–	
	b	Prioritätsaktienkapital B	/ Aktienkapital	400 000.–	
2		Stammaktienkapital	/ Aktienkapital	40 000.–	
3		(Ausserordentlicher) Finanzaufwand	/ Bank	15 000.–	
4		Keine Buchung; betrifft Handelsbank			
5	a	Aktionäre	/ Aktienkapital	20 000.–	
	b	Aktionäre	/ Aktienkapital	1 180 000.–	
	c	Aktionäre	/ Aktienkapital	200 000.–	
6		Bank	/ Aktionäre	1 400 000.–	
7		(Ausserordentlicher) Finanzaufwand	/ Bank	14 000.– [1]	
8		(Ausserordentlicher) Finanzaufwand	/ Bank	7 000.– [2]	
9		Keine Buchung; betrifft Handelsbank			

[B] ohne Formel:

Wert 2 alte	Aktien	zu 192.–		384.–	
Wert 1 neue	Aktie	zu 100.–		100.–	
Wert 3	Aktien nach	Kapitalerhöhung		484.–	
∅ Wert 1	Aktie nach	Kapitalerhöhung			161.35
Wert 1	Aktie vor	Kapitalerhöhung			192.–
Wert 1	Bezugsrecht				30.65

mit Formel:

$$B = \frac{192 - 100}{\dfrac{2}{1} + 1} = \underline{30.65}$$

[C]

Wertschriftenbestand	/ Post	900.– [3]

[1] 1 % von 1,4 Mio.
[2] ½ % von 1,4 Mio.
[3] Siehe Buchungstatsache 9 und 5b $= \dfrac{72 \cdot 100.–}{8} = \underline{900.–}$

35

2.28 Baraktienkapitalerhöhung, Gratisaktien und Bardividende

A	1	Liq. Mittel/Aktienkapital	Freiw. Gewinnres./Aktienkapital oder Bilanzgewinn	Bilanzgewinn/Liq. Mittel
	2	+	0 – evtl. wegen VST[①] und Emissionsabgabe	–
		+	+	0
		+	0 – evtl. wegen VST[①] und Emissionsabgabe	–
	3	häufig	selten	häufig

B Dafür:
- Benötigt gegenüber der Bardividende keine oder weniger liquide Mittel[②].
- Konstanter Dividendensatz bei zukünftigen höheren Gewinnen kann beibehalten werden.
- Umschichtung des Eigenkapitals (freies Eigenkapital in gebundenes Eigenkapital)
- Der Aktienkurs sinkt (= Kapitalverwässerung).

Dagegen:
- Liquiditätsabfluss, d.h. Substanzabfluss bei der Nettomethode
- Gratisaktien unterliegen
  - der Verrechnungssteuer,
  - der Emissionsabgabe vom Nennwert der Aktienkapitalerhöhung (Emission zu pari!),
  - bei der direkten Bundessteuer der Einkommenssteuer und
  - bei verschiedenen Kantonen der Einkommenssteuer.

2.29 Ordentliche Aktienkapitalerhöhung durch Ausgabe von Gratisaktien sowie Liberierung mit Verrechnung und Vermögenszugang

A	1	Aktionäre	/ Aktienkapital	200 000.–
	2	Freiwillige Gewinnreserven	/ Aktionäre	100 000.– ⟶ 65 %
	3 a	Aktionärsdarlehen Tama SA	/ Aktionäre	60 000.–
	b	Bank	/ Aktionäre	40 000.–
	4	Freiwillige Gewinnreserven	/ Bank	53 846.– ⟵ 35 %

[①] Nettomethode; vergleiche Theorie Seite 31, Steuerrecht.
[②] Vergleiche Theorie Seite 31, Steuerrecht und Index ①.

B

Bilanz nach Kapitalerhöhung

Bank	186 154	Diverses Fremdkapital	200 000
Diverse Aktiven	900 000	Aktionärsdarlehen Tama SA	300 000
		Aktienkapital	400 000
		Gesetzliche Kapitalreserve	10 000
		Gesetzliche Gewinnreserve	30 000
		Freiwillige Gewinnreserven	146 154
	1 086 154		1 086 154

C

1 $\underline{2\,700.–}$ (540 000.– / 200)

2 $\underline{1\,465.40}$ (586 154.– / 400)

D

	Anzahl Carmi-Aktien		
	Total	Anteil Tama SA (75 %)	
Vor Aktienkapitalerhöhung	200	150	
Gratisaktien	100	75	
Ordentliche Aktienkapitalerhöhung	100	60 → 15 →	Verrechnung Resteinzahlung
Nach AK-Erhöhung	400	300	

E

1 Keine Buchungen für die Gratisaktien, da die Beteiligung höchstens zum Anschaffungswert (hier gleich Null) bilanziert werden darf (OR 960a/1).

	VST-Guthaben	/ Beteiligungsertrag oder Beteiligung	40 385.–[1]
2	Beteiligung	/ Darlehen Carmi SA	60 000.–
	Beteiligung	/ Bank	15 000.–

2.30 Abschluss und Gewinnverteilung bei einer Aktiengesellschaft sowie Ausgabe von Gratisaktien und Genussscheinen

A

1		Dividenden	/ Bank	650.–
2		Kasse	/ Maschinen	2 500.–
		Maschinen	/ Gewinn aus Verkauf von Anlagevermögen	2 500.–
3	a	Bank	/ Wareneinkauf	3 100.–
	b	Ausserordentlicher Aufwand	/ Wareneinkauf	1 500.–
4		Wareneinkauf	/ Warenvorrat	15 000.–

[1] $\dfrac{53\,846.– \cdot 75 \text{ Gratisaktien}}{100 \text{ Gratisaktien}} = \underline{40\,385.–}$

B | **Erfolgsrechnung mit Buchungen 1–4**

Warenaufwand	310 400	Warenertrag	600 000
Übriger betrieblicher Aufwand	500 000	Übriger betrieblicher Ertrag	250 000
Ausserordentlicher Aufwand	15 500	Gewinn aus Verkauf	2 500
Jahresgewinn	51 600	von Anlagevermögen	
		Ausserordentlicher Ertrag	25 000
	877 500		877 500

C | **Gewinnvortrag**

Zuwendung	30 000	6 000	AB
5 % Dividende	20 000	47 000	Auszuweisender Jahresgewinn
SB	3 000		

D | 5 Warenaufwand / Warenvorrat 4 600.–

E | **Erfolgsrechnung mit Buchungen 1–5**

Warenaufwand	315 000	Warenertrag	600 000
Übriger betrieblicher Aufwand	500 000	Übriger betrieblicher Ertrag	250 000
Ausserordentlicher Aufwand	15 500	Gewinn aus Verkauf	2 500
Jahresgewinn	47 000	von Anlagevermögen	
		Ausserordentlicher Ertrag	25 000
	877 500		877 500

F | **Bilanz I vom 31. Dezember 20_1**

Umlaufvermögen		**Kurzfristiges Fremdkapital**		
Kasse, Post, Bank	180 449	Verbindlichkeiten aus L+L		160 300
Forderungen aus L+L	193 000	Dividenden		3 550
Warenvorrat	230 400			
		Langfristiges Fremdkapital		
Anlagevermögen		Verbindlichkeiten gegenüber VE		200 000
Maschinen	1			
Immobilien	590 000	**Eigenkapital**		
		Aktienkapital		400 000
		Gesetzliche Kapitalreserve		40 000
		Gesetzliche Gewinnreserve		15 000
		Freiwillige Gewinnreserven		322 000
		Gewinnvortrag	6 000	
		Jahresgewinn	47 000	53 000
	1 193 850			1 193 850

G

	Jahresgewinn	/ Gewinnvortrag	47 000.–			
1 a	Gewinnvortrag	/ Gesetzl. Gewinnres.	10 000.–			
b	Gewinnvortrag	/ Verb. gegenüber VE	20 000.–			
c	Gewinnvortrag	/ Dividende	20 000.–	(100 %)		
d	Dividende	/ Post	7 000.–	(35 %)		
2 a	Aktionäre	/ Aktienkapital	300 000.–	Verpflichtung Nennwert		
	Aktionäre	/ Agio	10 000.–	Verpflichtung Agio		
b	Freiwill. Gewinnreserven	/ Aktionäre	200 000.–	Lib.: Gratisaktien 400 St. · 500.– ⟶	65 %	
c	Bank	/ Aktionäre	110 000.–	Lib.: Einzahlung 200 St. · 550.–		
3	Keine Buchung			1400 Genussscheine nur mengenmässig erfassen	↓	
4 a	Freiwill. Gewinnreserven	/ Bank	2 000.–	1 % Emissionsabgabe vom Nennwert		
	Freiwill. Gewinnreserven	/ Bank	107 692.30	VST ⟵	35 %	
b	Keine Buchung			Emissionsabgabe = 0.–		
	Agio	/ Gesetzl. Kapitalres.	10 000.–			
c	(A. o.) Finanzaufwand	/ Bank	4 200.–	Emissionsabgabe: 1 400 St. · 3.–		
5	(A. o.) Finanzaufwand	/ Post	29 500.–			

H

4 a Bei der Ausgabe von Gratisaktien (= ohne Vermögenszugang) gibt es keine Freigrenze.

b Bei der Ausgabe von Aktien mit Vermögenszugang gibt es eine Freigrenze von CHF 1 000 000.–.

I **Beim Aktionär**

Gratisaktien:	Keine Buchung, da Anschaffungswert = 0.–[1]		
Verrechnungssteuer:	VST-Guthaben	/ Wertschriftenertrag oder Wertschriftenbestand	2 692.30[2]

K **Mögliche Durchlaufsbuchungen bei Aktiengesellschaft**

Aktionäre	/ VST-Schuld	(Verrechnungssteuerverpflichtung)
Liquide Mittel	/ Aktionäre	(Einzahlung durch Aktionär)
VST-Schuld	/ Liquide Mittel	(Überweisung durch AG)

L **Beim Aktionär**

1	Genussscheine:	Keine Buchung, da Anschaffungswert = 0.–[1]		
2	Gewinnanteil:	Liquide Mittel	/ Wertschriftenertrag	(65 %)
		VST-Guthaben	/ Wertschriftenertrag	(35 %)

[1] Die Wertanpassung erfolgt beim Jahresabschluss.

[2] $\dfrac{107\,692.30 \cdot 10}{400} = \underline{2\,692.30}$

M Genussscheine dienen zur Abgeltung von besonderen Verdiensten um die Gesellschaft, z. B. für
- Gründer (Gründervorteile),
- Gläubiger (für Forderungsverzicht oder Rangrücktritt bei Sanierung) und
- Mitarbeiter.

N Genussscheine verkörpern nur Vermögensrechte und keine Mitgliedschaftsrechte.

Sie können mit Ansprüchen versehen sein auf
- einen Anteil am Bilanzgewinn
- einen Anteil am Liquidationsergebnis
- den Bezug neuer Aktien oder PS.

O OR 657/1: In den Statuten müssen die Anzahl und die damit verbundenen Rechte stehen.

E 4 a (Ausserordentlicher) Finanzaufwand / Bank   2 000.–

    b Als (ausserordentlichen) Finanzaufwand erfassen; hier jedoch =   0.–

2.31 Bedingte Aktienkapitalerhöhung und Ausgabe von unentgeltlichen Aktionärsoptionen (Call-Optionen)

A 1 a Keine Buchung

    b (Ausserordentlicher) Finanzaufwand   / Bank   18 000.–

  2 Bank   / Aktienkapital   200 000.– [1]

      Bank   / Gesetzliche Kapitalreserve   400 000.– [1]

Anmerkung

Bei der bedingten Aktienkapitalerhöhung braucht es kein Konto Aktionäre, weil die Aktien nicht gezeichnet werden. Werden Optionen vorgelegt, ist sogleich der Ausübungspreis zu bezahlen. Das Eigenkapital wird entsprechend erhöht.

B 1 $(340.- - 300.-) / 10 = $ **4.–**

  2 $(280.- - 300.-) / 10 = -2.- \longrightarrow$ **0.–**

Der Börsenkurs der Option kann vom Inneren Wert abweichen. Dies vor allem wegen der Erwartung in die Aktienkursentwicklung während der restlichen Laufzeit (Zeitwert).

[1]   Total Emissionserlös 2000 Aktien · 300.– 600 000.–
     – Total Nominalwert   2000 Aktien · 100.– 200 000.–
       Agio   400 000.–

C 1   um 3.– ([100.– – 70.–] / 10)

Kontrolle	vor Aktienkapitalerhöhung	nach Aktienkapitalerhöhung
Börsenkurs einer Aktie	400.–	370.–
Ausübungspreis	300.–	300.–
Innerer Wert von 10 Optionen	100.–	70.–

2   um 30.– (von 300 auf 270.–)

Kontrolle	vor Aktienkapitalerhöhung	nach Aktienkapitalerhöhung
Börsenkurs einer Aktie	400.–	370.–
Ausübungspreis	300.–	270.–
Innerer Wert von 10 Optionen	100.–	100.–

2.32 Genehmigte Aktienkapitalerhöhung

A 1   Keine Buchung

2   Beteiligungen   / Aktienkapital   1 440 000.– [1]

    Beteiligungen   / Agio   4 860 000.– [2]

3   (Ausserordentlicher) Finanzaufwand   / Bank   71 500.–

4   Agio   / Gesetzliche Kapitalreserve   4 860 000.–

5   Keine Buchung

Anmerkung

Bei dieser genehmigten Aktienkapitalerhöhung braucht es kein Konto Aktionäre, da die neu emittierten Aktien sofort mit der Beteiligung liberiert werden.

B   Es braucht einen Generalversammlungsbeschluss und einen wichtigen Grund.
Die Übernahme von Beteiligungen ist gemäss OR ein wichtiger Grund.

C   Auf Beschluss des Verwaltungsrates wird die Bestimmung über die genehmigte Kapitalerhöhung aus den Statuten gestrichen.

[1]   Für   1 Orakel-Aktie ⟶ 8 Alingus-Aktien
     Für 90 000 Orakel-Aktien ⟶ 720 000 Alingus-Aktien
     Aktienkapitalerhöhung bei der Alingus AG = 720 000 Aktien zu 2.– nom. = 1,44 Mio.

[2]   Übernahmepreis   6,30 Mio.
     – Nennwert der Aktienkapitalerhöhung   1,44 Mio.
      Aufgeld (Agio)   4,86 Mio.

2.33 Bedingte Aktienkapitalerhöhung für Optionen auf Mitarbeiteraktien

[A]

1	Keine Buchung				
2	Keine Buchung				
3	Bank	/ Aktienkapital	2500.–	AK-Erhöhung: 50 · 50.–	
	Bank	/ Agio	37500.–	Agio: 50 · 750.–	
	Lohnaufwand	/ Agio	10000.–	Bruttolohn [1]	
	Bank	/ Schuld gegenüber Ausgleichskasse	622.50	AHV/ALV AN-Beitrag [1]	
	Sozialversicherungs-aufwand	/ Schuld gegenüber Ausgleichskasse	622.50	AHV/ALV AG-Beitrag	
4	Agio	/ Gesetzl. Kapitalreserve	47500.–	Übertrag Agio	

[B]

3	Bank	/ Aktienkapital	2500.–	Kapitalerhöhung: 50 · 50.–	
	Bank	/ Agio	37500.–	Agio: 50 · 750.–	
	Lohnaufwand	/ Agio	10000.–	Nettolohn [2]	
	Lohnaufwand	/ Schuld gegenüber Ausgleichskasse	663.80	AHV/ALV AN-Beitrag [2]	
	Sozialversicherungs-aufwand	/ Schuld gegenüber Ausgleichskasse	663.80	AHV/ALV AG-Beitrag	

[1]
50 Derivatus-Aktien zum Verkehrswert von 1000.–	50000.–		
50 Derivatus-Aktien zum Ausübungspreis von 800.–	40000.–		
AHV-pflichtiger Bruttolohn	10000.–	→ 100 %	
AHV/ALV-Arbeitnehmerbeitrag	622.50	← 6,225 %	

[2]
50 Derivatus-Aktien zum Verkehrswert von 1000.–	50000.–		
50 Derivatus-Aktien zum Ausübungspreis von 800.–	40000.–		
Nettolohn	10000.–	→ 93,775 %	
AHV-pflichtiger Bruttolohn	10663.80	← 100 %	
AHV/ALV-Arbeitnehmerbeitrag	663.80	← 6,225 %	

3   Obligationenanleihen

3.1   Vergleich Über pari- und Unter pari-Emission

A Variante I

1	Obligationäre	/ Obligationenanleihe	10 000 000.–	Zeichnung
	Liquide Mittel	/ Obligationäre	9 900 000.–	Liberierung
	Obligationendisagio	/ Obligationäre	100 000.–	Disagio
2 a	Finanzaufwand	/ Liquide Mittel	500 000.–	Jahreszins
b	Finanzaufwand	/ Obligationendisagio	10 000.–	Disagioanteil
3	Obligationenanleihe	/ Liquide Mittel	10 000 000.–[1]	Rückzahlung

Variante II

1	Obligationäre	/ Obligationenanleihe	10 000 000.–	Zeichnung
	Obligationäre	/ Obligationenagio	100 000.–	Agio
	Liquide Mittel	/ Obligationäre	10 100 000.–	Liberierung
2 a	Finanzaufwand	/ Liquide Mittel	525 000.–	Jahreszins
b	Obligationenagio	/ Finanzaufwand	10 000.–	Agioanteil
3	Obligationenanleihe	/ Liquide Mittel	10 000 000.–	Rückzahlung

B Variante I: 510 000.–
Variante II: 515 000.–

C Variante I: (A. o.) Finanzaufwand / Obligationäre   100 000.–
Variante II: Obligationäre   / (A. o.) Finanzertrag   100 000.–

D Variante I: 5,15 %

$$R = 100 \cdot \left(\frac{\text{Jahreszins} + \left(\dfrac{\text{Rückzahlungspreis} - \text{Emissionspreis}}{\text{Laufzeit}} \right)}{\text{Emissionspreis}} \right)$$

$$R = 100 \cdot \left(\frac{5 + \left(\dfrac{100 - 99}{10} \right)}{99} \right)$$

Variante II: 5,10 % $R = 100 \cdot \left(\dfrac{5{,}25 + \left(\dfrac{100 - 101}{10} \right)}{101} \right)$

[1]   Darin ist die Zahlung von CHF 35 000.– Verrechnungssteuer (35 % vom Obligationendisagio CHF 100 000.–) enthalten.
Siehe Abschnitt 33, Gewöhnliche Obligationenanleihe.

3.2 Emission und Rückzahlung einer Anleihe und Zinszahlung

A	1	a	Bank	/ Obligationenanleihe	29 250 000.–
		b	Obligationendisagio	/ Obligationenanleihe	150 000.–
		c	Anleihensemissionskosten	/ Obligationenanleihe	600 000.–
	2		Anleihensemissionskosten	/ Bank	390 000.–
	3	a	Finanzaufwand	/ Passive Rechnungsabgrenzung	525 000.–
		b	Finanzaufwand	/ Obligationendisagio	7 500.–
		c	Finanzaufwand	/ Anleihensemissionskosten	49 500.–[1]
	4		Passive Rechnungsabgrenzung	/ Finanzaufwand	525 000.–
	5		Finanzaufwand	/ Fällige Obligationenzinsen	1 050 000.–
	6		Fällige Obligationenzinsen	/ Bank	367 500.–
	7		Fällige Obligationenzinsen	/ Bank	637 000.–
			Finanzaufwand	/ Bank	4 900.–
	8	a	Finanzaufwand	/ Obligationendisagio	7 500.–
		b	Finanzaufwand	/ Anleihensemissionskosten	49 500.–
		c	Obligationenanleihe	/ Fällige Obligationenanleihe	30 000 000.–
		d	Finanzaufwand	/ Fällige Obligationenzinsen	1 050 000.–
		e	Fällige Obligationenzinsen	/ Übrige kurzfr. Verbindlichkeiten	367 500.–
		f	Fällige Obligationenzinsen	/ Übrige kurzfr. Verbindlichkeiten	52 500.–[2]

B	1	Obligationen:	10 Jahre nach Fälligkeit (OR 127)
	2	Obligationenzinsen:	5 Jahre nach Fälligkeit (OR 128)

C	1	Verjährte Obligationen:
		Ja, weil es sich um einen «Schuldenerlass» handelt.
		Verjährte Obligationenzinsen:
		Ja, weil sie seinerzeit bei Fälligkeit als Aufwand verbucht wurden und den Jahresgewinn schmälerten.

	2	Fällige Obligationenanleihe	/ Ausserordentlicher Finanzertrag	(100 %)
		Fällige Obligationenzinsen	/ Ausserordentlicher Finanzertrag	(65 %)

[1] (600 000 + 390 000) / 10 / 2 = <u>49 500.–</u>
[2] 35 % von ([100 % – 99,5 %] von 30 Mio.) = <u>52 500.–</u>; vergleiche auch 1b.

3.3 Rückzahlung einer fälligen und Aufnahme einer neuen Anleihe

A

1	a	5% Anleihe	/ Fällige 5% Anleihe	5 000 000.–	
	b	Finanzaufwand	/ Fällige Obligationenzinsen	250 000.–	
2		Fällige Obligationenzinsen	/ Post	87 500.–	
3		Bank	/ 4% Anleihe	15 000 000.–	
		Bank	/ Obligationenagio	70 500.–	①
4		Fällige Obligationenzinsen	/ Bank	159 250.–	
5	a	Anleihensemissionskosten	/ Bank	130 800.–	
	b	Obligationenagio	/ Anleihensemissionskosten	70 500.–	
6		Fällige 5% Anleihe	/ Bank	4 900 000.–	②
7	a	Finanzaufwand	/ Passive Rechnungsabgrenzung	100 000.–	③
	b	Finanzaufwand	/ Anleihensemissionskosten	1 675.–	④

B Als Aufwand zu Lasten der laufenden Erfolgsrechnung erfassen.

① Obligationenagio = 2,0% von 15,0 Mio. = 300 000.–
  Kommission = 1,5% von 15,3 Mio. = 229 500.–
  Restliches Obligationenagio   70 500.–

② Die restlichen CHF 100 000.– werden später bezogen.

③ $\dfrac{15 \text{ Mio.} \cdot 4 \cdot 2}{100 \cdot 12} = 100\,000.{-}$

④ $\dfrac{(130\,800 - 70\,500) \cdot 2}{6 \cdot 12} = 1\,675.{-}$

3.4 Indexierte Obligationenanleihe

A

Finanzaufwand	/ Rückstellung für Obligationenanleihe	20 000.–
Finanzaufwand	/ Rückstellung für Obligationenanleihe	30 000.–

B

120 000.– (12 % von 1 Mio.)

C

1	Finanzaufwand	/ Flüssige Mittel	26 000.–
	Finanzaufwand	/ Übrige kurzfr. Verbindlichkeiten	14 000.–
2	Obligationenanleihe	/ Flüssige Mittel	1 000 000.–
	Rückstellung für Obligationenanleihe	/ Flüssige Mittel	71 500.– [1]
	Rückstellung für Obligationenanleihe	/ Übrige kurzfr. Verbindlichkeiten	38 500.– [2]
	Rückstellung für Obligationenanleihe	/ Finanzaufwand	10 000.– [3]
3	Übrige kurzfristige Verbindlichkeiten	/ Flüssige Mittel	52 500.–

3.5 Rückkauf eigener Obligationen

A

1	Obligationenanleihe	/ Bank	578 500.–
	Finanzaufwand	/ Bank	7 000.–
	Obligationenanleihe	/ (A.o.) Finanzertrag	21 500.–
2	Wertschriftenbestand	/ Bank	578 500.–
	Wertschriftenertrag	/ Bank	7 000.–

B

Obligationenanleihe	/ Wertschriftenbestand	578 500.–
Obligationenanleihe	/ Wertschriftenertrag oder	21 500.–
	(A. o.) Finanzertrag	
Finanzaufwand	/ Wertschriftenertrag	21 000.– [4]

[1] 65 % von (11 % von 1 Mio.) = 71 500.–
[2] 35 % von (11 % von 1 Mio.) = 38 500.–
[3] 1 % von 1 Mio. = 10 000.–
[4] Fälliger Jahreszins: 3,5 % von 600 000.– = 21 000.–

3.6 Wandelanleihe mit Zuzahlung und zwei Varianten für die Bereitstellung der Beteiligungspapiere

A

Nennwert Obligation		5 000.–
+ Zuzahlung		100.–
Wandelpreis		5 100.–
– Nennwert einer Aktie		500.–
Agio je Aktie		4 600.–

B

Bank / Wandelanleihe 10 000 000.–

C

Variante I
Keine Buchung

Variante II

Eigene Aktien / Bank 1 440 000.–

D

Variante I

Wandelanleihe	/ Aktienkapital	90 000.–	180 Aktien[1] · 500.– nom.
Wandelanleihe	/ Gesetzl. Kapitalreserve	810 000.–	180 Aktien · 4 500.– Agio
Bank	/ Gesetzl. Kapitalreserve	18 000.–	180 Aktien · 100.– Agio

Variante II

Wandelanleihe	/ Eigene Aktien	900 000.–	180 Obli. · 5 000.– nom.
Eigene Aktien	/ Finanzertrag[2]	36 000.–	180 Aktien · 200.–
Bank	/ Finanzertrag[2]	18 000.–	180 Aktien · 100.–

[1] 900 000.– / 5 000.– = 180 Aktien
[2] Erfolgsunwirksame Erfassung gemäss HWP auch möglich.
Buchungen: Eigene Aktien / Gesetzliche Kapitalreserve 36 000.–
Bank / Gesetzliche Kapitalreserve 18 000.–

3.7 Wandelanleihe mit Zuzahlung
Bedingte Aktienkapitalerhöhung

A

1	a	Bank	/ Wandelanleihe	29 700 000.–
	b	(A. o.) Finanzaufwand	/ Wandelanleihe	300 000.–
2	a	Keine Buchung		
	b	(A. o.) Finanzaufwand	/ Bank	5 640.–
3	a	Wandelanleihe	/ Aktienkapital	500 000.–
		Wandelanleihe	/ Agio	2 500 000.–
		Bank	/ Agio	60 000.–
		Agio	/ Gesetzliche Kapitalreserve	2 560 000.–
	b	(A. o.) Finanzaufwand	/ Bank	31 760.–

B Berechnung der Emissionsabgabe

	1000 Wandelobligationen zu 3 000.– nom.	3 000 000.–
+	Barzuzahlungen der Obligationäre	60 000.–
–	Aktienemissionskosten (5 640.– + 1534.–)	7 174.–
=	Über pari-Ausgabepreis abzüglich Emissionskosten	3 052 826.– ⟶ 101%
–	Emissionsabgabepflichtiger Betrag	3 022 600.– ⟵ 100 %
=	Emissionsabgabe	30 226.– ⟵ 1%

C OR 653f: Prüfungsbestätigung durch einen zugelassenen Revisionsexperten
OR 653g: Anpassung der Statuten
OR 653h: HR-Eintrag

D OR 653i: Statutenbestimmungen über die bedingte Kapitalerhöhung aufheben.

3.8 Wandelanleihe mit Verwässerungsschutz
Bedingte Aktienkapitalerhöhung

A

1	a	Bank K	/ 5 % Wandelanleihe	39 200 000.–	Übernahme
	b	Obligationendisagio	/ 5 % Wandelanleihe	800 000.–	Disagio bzw. Übernahmekommission
2	a	Keine Buchung			
	b	(A.o.) Finanzaufwand	/ Post	4 700.–	Kosten für bedingte Aktienkapitalerhöhung
3	a	Finanzaufwand	/ Passive Rechnungsabgr.	500 000.–	Marchzins
	b	Finanzaufwand	/ Obligationendisagio	20 000.–	Disagioanteil
4		5 % Wandelanleihe	/ Aktienkapital	400 000.–	Aktien: 2 000 · 200.–
		5 % Wandelanleihe	/ Agio	3 600 000.–	Agio: 2 000 · 1 800.– [1]
		Agio	/ Gesetzl. Kapitalreserve	3 600 000.–	
5	a	(A. o.) Finanzaufwand	/ Post	1 760.–	Übrige Aktienemissionskosten
	b	(A. o.) Finanzaufwand	/ Post	39 540.–	Emissionsabgabe
6	a	Finanzaufwand	/ Passive Rechnungsabgr.	450 000.–	Marchzins
	b	Finanzaufwand	/ Obligationendisagio	80 000.–	Ordentlicher Disagioanteil
	c	(A. o.) Finanzaufwand	/ Obligationendisagio	70 000.– [2]	Restliches Disagio für 1000 gewandelte Obligationen

B Berechnung der Emissionsabgabe

1000 Wandeloblig. zu 4000.– nom.	4 000 000.–	
– Übrige abziehbare Emissionskosten (4 700.– + 1 760.–)	6 460.–	
= Ausgabepreis abzüglich übrige Emissionskosten	3 993 540.– ⟶	101 %
– Steuerbarer Betrag	3 954 000.– ⟵	100 %
= Emissionsabgabe	39 540.– ⟵	1 %

C

1 Kurs sinkt um 2 · 80.–, d. h. um 160.– = <u>4 %</u> (vom Nennwert)

2 OR 653d/2: z. B. Wandelpreis herabsetzen.
Neue Wandelbedingungen:
Für eine Wandelobligation erhält man zwei Aktien und CHF 160.– in bar ausbezahlt.

[1]

Wandelpreis für 2 Aktien	4 000.–	
– Nennwert 2 Aktien	400.–	(2 · 200.– nom.)
Agio für 2 Aktien	3 600.–	
Agio für 1 Aktie	1 800.–	

[2] Disagio für 1 000 Wandeloblig. = 2 % von 4 Mio. = 80 000.–
Bereits abgeschrieben

20_6 für 3 Monate	2 000.–	
20_7 für 1 Jahr	8 000.–	–10 000.–
Restliches Disagio für 1 000 Wandelobligationen	70 000.–	

D	5 % Wandelanleihe	/ Aktienkapital	400 000.–	Aktien:	2 000 · 200.–
	5 % Wandelanleihe	/ Agio	3 600 000.–	Agio:	2 000 · 1 800.–
	Agio	/ Bank K	350 000.–	Auszahlung:	1 000 · 350.–
	Agio	/ Gesetzl. Kapitalreserve	3 250 000.–		

E Wandelbedingungen:

1 Wandelobligation zu CHF 4 000.– nom. für 2 Aktien zu je CHF 200.– nom.

Wandelpreis je Aktie:

CHF 4 000.– / 2 = CHF 2 000.–

F $\dfrac{(2000.- - 1850.-) \cdot 100}{1850.-} = \underline{8{,}11\,\%}$

3.9 Wandelanleihe
Bedingte Aktienkapitalerhöhung sowie Erwerb eigener Aktien am Markt

1	a	Bank	/ Wandelanleihe	9 950 000.–
	b	(A. o.) Finanzaufwand	/ Wandelanleihe	50 000.–
2		Keine Buchung		
3		Eigene Aktien	/ Bank	450 000.–
4		Wandelanleihe	/ Aktienkapital	150 000.–
		Wandelanleihe	/ Gesetzliche Kapitalreserve	7 350 000.–
5		Wandelanleihe	/ Eigene Aktien	250 000.–
		Eigene Aktien	/ Finanzertrag [1]	25 000.–
6	a	Wandelanleihe	/ Fällige Wandelanleihe	2 250 000.–
	b	Fällige Wandelanleihe	/ Bank	2 250 000.–
	c	Finanzaufwand	/ Fällige Obligationenzinsen	45 000.–
	d	Fällige Obligationenzinsen	/ Bank	29 250.–
		Fällige Obligationenzinsen	/ Bank	15 750.–

[1] Erfolgsunwirksame Erfassung gemäss HWP auch möglich:
Buchung: Eigene Aktien   / Gesetzliche Kapitalreserve   25 000.–

3.10 Wandelanleihe mit Put-Option
Bedingte Aktienkapitalerhöhung

A

1	Finanzaufwand	/ Anleihensemissionskosten	1 200 000.–
2	Finanzaufwand	/ Passive Rechnungsabgrenz.	900 000.– [1]

B

1	Finanzaufwand	/ Fällige Zinsen	2 088 000.– 34 800 · 60.– (= 100 %)
2	Fällige Zinsen	/ Übrige kfr. Verbindlichkeiten	730 800.– 35 % von 2 088 000.–
3	Fällige Zinsen	/ Bank	1 345 500.– 34 500 · 39.– (= 65 %)

C

Wandelanleihe	/ Aktienkapital	180 000.– 1800 · 100.–
Wandelanleihe	/ Gesetzliche Kapitalreserve	5 220 000.– 1800 · 2 900.–
Bank	/ Gesetzliche Kapitalreserve	225 000.– 1800 · 125.–

D 3 200.– – 3 125.– = 75.–

E Prämie 12 % von (9 700 · 3 000.–) = 3 492 000.–

(A. o.) Finanzaufwand / Rückstellung	3 492 000.–

F

Wandelanleihe	/ Bank	29 100 000.– 9 700 · 3 000.–
Rückstellung	/ Übrige kfr. Verbindlichkeiten	1 222 200.– 35 % von 3 492 000.–
Rückstellung	/ Bank	2 269 800.– 65 % von 3 492 000.–

[1] Marchzins $= \dfrac{120 \text{ Mio.} \cdot 2 \cdot 135}{100 \cdot 360} = \underline{0{,}9 \text{ Mio.}}$

3.11 Optionsanleihe mit zwei Varianten für die Bereitstellung der Beteiligungspapiere

A
Ausübungspreis	620.–
– Nennwert einer Aktie	200.–
Agio je Aktie	420.–

B   Bank / Optionsanleihe 10 000 000.–

C   Variante I
Keine Buchung

Variante II

Eigene Aktien / Bank 732 000.–

D   Variante I

Bank	/ Aktienkapital	200 000.–	1000 Aktien · 200.– nom.
Bank	/ Gesetzliche Kapitalreserve	420 000.–	1000 Aktien · 420.– Agio

Variante II

Bank	/ Eigene Aktien	620 000.–	1000 Aktien · 620.–
Eigene Aktien	/ Finanzertrag [1]	10 000.–	1000 Aktien · 10.–

[1]   Erfolgsunwirksame Erfassung gemäss HWP auch möglich:
Buchung: Eigene Aktien / Gesetzliche Kapitalreserve 10 000.–

3.12 Optionsanleihe
Bedingte Partizipationskapitalerhöhung

A

1	Bank G	/ 4 % Optionsanleihe	10 000 000.–	
2	Keine Buchung			
3 a	Bank G	/ Partizipationskapital	30 000.–[1]	Nennwert
	Bank G	/ Gesetzliche Kapitalreserve	90 000.–[2]	Agio
b	(A. o.) Finanzaufwand	/ Post	1 180.–	

B Berechnung der Emissionsabgabe

	Über pari-Ausgabepreis = 300 Optionsscheine · 400.–	120 000.–	
–	Abzugsberechtigte Emissionskosten	820.–	
=	Über pari-Ausgabepreis abzüglich Emissionskosten	119 180.– ⟶	101 %
–	Über pari-Ausgabepreis exkl. Emissionsabgabe	118 000.– ⟵	100 %
=	Emissionsabgabe	1 180.– ⟵	1 %

3.13 Optionsanleihe
Bedingte Aktienkapitalerhöhung

1 a	Bank	/ Optionsanleihe	8 730 000.–	
b	Anleihensemissionskosten	/ Optionsanleihe	180 000.–	
	Obligationendisagio	/ Optionsanleihe	90 000.–	
2	Keine Buchung			
3 a	Optionsanleihe	/ Aktienkapital	15 000.–[3]	
	Optionsanleihe	/ Gesetzliche Kapitalreserve	30 000.–[4]	
b	Wertschriften	/ Aktienkapital	60 000.–[5]	
	Wertschriften	/ Gesetzliche Kapitalreserve	120 000.–[6]	
4	Bank	/ Aktienkapital	10 000.–	
	Bank	/ Gesetzliche Kapitalreserve	20 000.–	

[1] 300 Optionsscheine ⟶ 1500 PS zu CHF 20.– nom.
[2] 1500 PS · CHF 60.– Agio = 90 000.–
[3] CHF 45 000.– / CHF 750.– = 60 Obligationen
60 Obligationen zu CHF 250.– Nennwert (je Aktie) = 15 000.–
[4] 60 Obligationen zu CHF 500.– Agio = 30 000.–
[5] CHF 180 000.– / CHF 750.– = 240 Obligationen
240 Obligationen zu CHF 250.– Nennwert (je Aktie) = 60 000.–
[6] 240 Obligationen zu CHF 500.– Agio = 120 000.–

3.14 Optionsanleihe mit Über pari-Rückzahlung
Bedingte Aktienkapitalerhöhung

[A]

1	Bank G	/ 4 % Optionsanleihe	10 000 000.–		
2	Keine Buchung				
3	Bank G	/ Aktienkapital	20 000.–[1]	Nennwert	
	Bank G	/ Gesetzl. Kapitalreserve	60 000.–[2]	Agio	
4	Keine Buchung				
5 a	4 % Optionsanleihe	/ Fällige Optionsanleihe	10 000 000.–	Anleihe	
b	(A.o.) Finanzaufwand	/ Fällige Obligationenzinsen	200 000.–	2 % Prämie	
c	Finanzaufwand	/ Fällige Obligationenzinsen	400 000.–	4 % Coupons	
6	Fällige Obligationenzinsen	/ Post	210 000.–	35 % von 600 000.–	
7 a	Fällige Optionsanleihe	/ Bank G	9 500 000.–	1 900 · 5 000.– nom.	
b	Fällige Obligationenzinsen	/ Bank G	123 500.–	65 % von 190 000.–	
c	Fällige Obligationenzinsen	/ Bank G	247 000.–	65 % von 380 000.–	

[B] Er wird die Statutenbestimmungen über die bedingte Kapitalerhöhung aufheben, nachdem ein zugelassener Revisionsexperte bestätigt hat, dass die Optionsrechte erloschen sind.

[C]

Börsenkurs der Namenaktie		+520.–
– Emissionspreis	400.–	
– Verlust auf Obligation	350.–[3]	–750.–
Verlust		230.–

---

[1] 200 Stück · CHF 100.– nom. = 20 000.–
[2] 200 Stück · CHF 300.– Agio = 60 000.–
[3] (101 % – 94 %) von 5 000.– = 350.–

54

4 Umwandlung der Rechtsform

4.1 Umwandlung eines Einzelunternehmens in eine Kollektivgesellschaft

A

1	Warenvorrat	/ Bewertungdifferenzen	25 000.–
2	Bewertungsdifferenzen	/ WB Forderungen aus L+L	5 000.–
3	Bewertungsdifferenzen	/ Geschäftseinrichtung	2 000.–
4	Eigenkapital	/ Wertschriften	1 500.–
5	Bewertungsdifferenzen	/ Eigenkapital	18 000.–

Bewertungsdifferenzen

2	5 000	25 000	1
3	2 000		
5	18 000		

B

Übergabebilanz Einzelunternehmen Graf

Umlaufvermögen			Kurzfristiges Fremdkapital	
Kasse, Post		5 200	Verbindlichkeiten aus L+L	37 400
Wertschriften		7 000	Passive Rechnungsabgrenzung	1 200
Forderungen aus L+L	47 300			
WB Ford. aus L+L	– 5 000	42 300	**Langfristiges Fremdkapital**	
Warenvorrat		140 000	Darlehen von Frei	60 000
Anlagevermögen			**Eigenkapital**	
Geschäftseinrichtung		6 000	Eigenkapital	101 900
		200 500		200 500

C

6	a	Eigenkapital	/ Kapital Graf	100 000.–
	b	Einbringungskonto Frei	/ Kapital Frei	75 000.–
7		Eigenkapital	/ Post	1 900.–
8	a	Darlehen von Frei	/ Einbringungskonto Frei	60 000.–
		Passive Rechnungsabgrenzung	/ Einbringungskonto Frei	1 200.–
	b	Post	/ Einbringungskonto Frei	10 000.–
	c	Privat Frei	/ Einbringungskonto Frei	3 800.–

D Eröffnungsbilanz Kollektivgesellschaft Graf & Frei

Umlaufvermögen			Kurzfristiges Fremdkapital	
Kasse, Post		13 300	Verbindlichkeiten aus L + L	37 400
Wertschriften		7 000		
Forderungen aus L + L	47 300		**Eigenkapital**	
WB Ford. aus L + L	– 5 000	42 300	Kapital Graf	100 000
Privat Frei		3 800	Kapital Frei	75 000
Warenvorrat		140 000		
Anlagevermögen				
Geschäftseinrichtung		6 000		
		212 400		**212 400**

E

6	a	Einbringungskonto Graf	/ Kapital Graf	100 000.–
	b	Einbringungskonto Frei	/ Kapital Frei	75 000.–
7		Diverse Aktiven	/ Einbringungskonto Graf	200 500.–
		Einbringungskonto Graf	/ Diverses Fremdkapital	98 600.–
		Einbringungskonto Graf	/ Post	1 900.–
8		Wie bei C		

F

Einkommenssteuer und AHV auf den aufgelösten stillen Reserven netto von CHF 18 000.– (= Saldo Konto Bewertungsdifferenzen) und evtl. auf der Differenz zwischen einem allfällig höheren Verkehrswert und tieferem Buchwert der Wertschriften infolge Überführung ins Privatvermögen.

4.2 Gründung einer GmbH durch Vereinigung zweier Einzelunternehmen

A

1 Bei Grünig

1	Bewertungsdiff.	/ Warenvorrat		50
2	Bewertungsdiff.	/ WB Forderungen aus L + L		13
3	Mobilien	/ Bewertungsdiff.		30
4	Wertschriften	/ Bewertungsdiff.		15
	Eigenkapital	/ Wertschriften		150
5	ARA	/ Bewertungsdiff.		2
6	Eigenkapital	/ Kasse		10
	Eigenkapital	/ Post		30
7	Keine Buchung			
8	Eigenkapital	/ Bewertungsdiff.		16

2 Bei Wenger

1	Warenvorrat	/ Eigenkapital		100
2	Eigenkapital	/ WB Forderungen aus L + L		18
5	Eigenkapital	/ PRA		2

B

	Bewertungsdifferenzen				Eigenkapital (Grünig)				Eigenkapital (Wenger)		
1	50	30	3	4	150	960	AB	2	18	580	AB
2	13	15	4	6	10			5	2	100	1
		2	5	6	30						
		16	8	8	16						
				SB	754			SB	660		

C Siehe bei **E**.

D

9	Einbringungskonto Grünig	/ Stammkapital	600
	Einbringungskonto Grünig	/ Agio	60
	Einbringungskonto Wenger	/ Stammkapital	600
	Einbringungskonto Wenger	/ Agio	60
10	Diverse Aktiven	/ Einbringungskonto Grünig	894
	Einbringungskonto Grünig	/ Verbindlichkeiten aus L + L	140
11	Einbringungskonto Grünig	/ Darlehen von Gesellschafter Grünig	94
12	Diverse Aktiven	/ Einbringungskonto Wenger	872
	Einbringungskonto Wenger	/ Diverses Fremdkapital	212
13	Darlehen von Grünig	/ Darlehen an Wenger	100
	Passive Rechnungsabgrenzung	/ Aktive Rechnungsabgrenzung	2
14	Bank in A	/ Bank in A	20
15	Agio	/ Gesetzliche Kapitalreserve	120

E Übergabebilanzen der Einzelunternehmen und Eröffnungsbilanz der GmbH

Konten	Aktiven			Passiven		
	Grünig	Wenger	GmbH	Grünig	Wenger	GmbH
Kasse		15	15			
Post		45	45			
Bank in A	70		50			
Wertschriften	165		165			
Forderungen aus L + L	130	180	310			
WB Forderungen aus L + L	− 13	− 18	− 31			
Aktive Rechnungsabgrenzung	2					
Warenvorrat	400	600	1 000			
Darlehen an Wenger	100					
Mobilien	40	50	90			
Verbindlichkeiten aus L + L				140	90	230
Bank in A					20	
Passive Rechungsabgrenzung					2	
Darlehen von Grünig					100	
Darlehen von Gesellschafter Grünig						94
Eigenkapital				754	660	
Stammkapital						1 200
Gesetzliche Kapitalreserve						120
	894	872	1 644	894	872	1 644

4.3 Umwandlung einer Kollektivgesellschaft in ein Einzelunternehmen

A

1	a	WB Liegenschaft	/ Liegenschaft	20 000.–	
	b	Liegenschaft	/ Bewertungsdifferenzen	50 000.–	
2		Mobilien	/ Bewertungsdifferenzen	6 680.–	
3		Goodwill	/ Kapital Huber	10 000.–	
4		Warenvorrat	/ Bewertungsdifferenzen	15 000.–	
5		Bewertungsdifferenzen	/ WB Darlehen	3 000.– = 60 %	
6		WB Forderungen aus L + L	/ Bewertungsdifferenzen	1 000.–[1]	
7		Forderungen aus L + L	/ Bewertungsdifferenzen	320.–[2]	
8	a	Bewertungsdifferenzen	/ Privat Huber	42 000.–	
		Bewertungsdifferenzen	/ Privat Stähli	28 000.–	
	b	Privat Huber	/ Kapital Huber	40 000.–	
		Privat Stähli	/ Kapital Stähli	36 000.–	

B

Bewertungsdifferenzen

```
         5      3 000 | 50 000    1b
                      |  6 680    2
                      | 15 000    4
                      |  1 000    6
         S     70 000 |    320    7
                    ──┼──────
                      | 70 000      [= 5 Teile ]
[3 Teile ]  8a  42 000
[2 Teile ]  8a  28 000
```

		Ausgangslage	Neue Situation
[1]	Forderung gegenüber X	3 000.–	3 000.–
	– Übernahmewert	0.–	1 000.–
	Wertberichtigung Forderungen aus L + L	3 000.–	2 000.–
	Bewertungsdifferenz		1 000.–

		CHF
[2]	Total Kundenguthaben	43 000.–
	– Kundenguthaben Schweiz	29 800.–
	= Kundenguthaben Belgien alt	13 200.–
	Kundenguthaben Belgien neu	13 520.– (EUR 12 500.– zu 1.0816)
	Kursgewinn	320.–

C   **Auseinandersetzungsbilanz der Kollektivgesellschaft**

Umlaufvermögen			Kurzfristiges Fremdkapital		
Kasse, Post, Bank		46 000	Verbindlichkeiten aus L + L		48 000
Wertschriften		17 000			
Forderungen aus L + L	43 320		**Langfristiges Fremdkapital**		
WB Ford. aus L + L	– 4 000	39 320	Hypotheken		100 000
Darlehen (kurzfristig)	5 000		**Eigenkapital**		
WB Darlehen (kfr.)	– 3 000	2 000	Kapital Huber		200 000
Warenvorrat		90 000	Kapital Stähli		136 000
Anlagevermögen					
Mobiliar		9 680			
Liegenschaft		270 000			
Goodwill		10 000			
		484 000			484 000

D

9	Kapital Huber	/ Hypotheken		100 000.–
10	Kapital Huber	/ Hypotheken		60 000.–
11	Kapital Huber	/ Forderungen aus L + L		3 000.–
	WB Forderungen aus L + L	/ Kapital Huber		2 000.–
12	Kapital Huber	/ Wertschriften		12 000.–
13	Kapital Huber	/ Bank		27 000.–

E

Kapital Huber

9	100 000	200 000	AB
10	60 000		
11	3 000	2 000	11
12	12 000		
13	27 000		

Kapital Stähli	/ Eigenkapital		136 000.–

F   **Eröffnungsbilanz Einzelunternehmen Stähli**

Umlaufvermögen			Kurzfristiges Fremdkapital		
Kasse, Post, Bank		19 000	Verbindlichkeiten aus L + L		48 000
Wertschriften		5 000			
Forderungen aus L + L	40 320		**Langfristiges Fremdkapital**		
WB Ford. aus L + L	– 2 000	38 320	Hypotheken		260 000
Darlehen (kurzfristig)	5 000		**Eigenkapital**		
WB Darlehen (kfr.)	– 3 000	2 000	Eigenkapital		136 000
Warenvorrat		90 000			
Anlagevermögen					
Mobiliar		9 680			
Liegenschaft		270 000			
Goodwill		10 000			
		444 000			444 000

4.4 Umwandlung eines Einzelunternehmens in eine Aktiengesellschaft mit Verbuchung der Neubewertung

A

1	a	Eigenkapital	/ Liegenschaften		320
	b	Hypotheken	/ Eigenkapital		200
2	a	Wertschriften	/ Bewertungsdifferenzen		2
	b	Bewertungsdifferenzen	/ WB Forderungen aus L + L		2
	c	Wertberichtigung Warenvorrat	/ Bewertungsdifferenzen		14
	d	Mobilien	/ Bewertungsdifferenzen		23
3		Goodwill	/ Bewertungsdifferenzen		20
4		Bewertungsdifferenzen	/ Passive Rechnungsabgrenzung		2
5		Keine Buchung			
6		Bewertungsdifferenzen	/ Eigenkapital		55

B

Bewertungsdifferenzen					Eigenkapital			
2b	2	2	2a		1a	320	141	AB
4	2	14	2c				200	1b
		23	2d		SB	76	55	6
S6	55	20	3					

C

Übergabebilanz des Einzelunternehmens

Umlaufvermögen			**Kurzfristiges Fremdkapital**	
Liquide Mittel		14	Verbindlichkeiten aus L + L	68
Wertschriften		22	Passive Rechnungsabgrenzung	2
Forderungen aus L + L	52			
WB Ford. aus L + L	– 2	50	**Langfristiges Fremdkapital**	
			Darlehen Güntert	50
Warenvorrat	62			
WB Warenvorrat	– 7	55	**Eigenkapital**	
			Eigenkapital	76
Anlagevermögen				
Mobilien		35		
Goodwill		20		
		196		196

7 a	Aktionär Helbling	/ Aktienkapital	50
b	Übrige Aktionäre	/ Aktienkapital	50
	Übrige Aktionäre	/ Agio	10
8 a	Diverse Aktiven	/ Aktionär Helbling	196
b	Aktionär Helbling	/ Diverses Fremdkapital	120
c	Aktionär Helbling	/ Aktionärsdarlehen	20
d	Aktionär Helbling	/ Liquide Mittel	6
9	Darlehen	/ Übrige Aktionäre	24
	Darlehen	/ Aktionärsdarlehen	26
10	Liquide Mittel	/ Übrige Aktionäre	36
11 a	Agio	/ Liquide Mittel	6
b	Agio	/ Gesetzliche Kapitalreserve	4

E

Aktionär Helbling				Übrige Aktionäre				Agio			
7a	50	196	8a	7b	50	24	9	11a	6	10	7b
8b	120			7b	10	36	10	11b	4		
8c	20										
8d	6										
	196	196			60	60			10	10	

F

Gründungsbilanz der Aktiengesellschaft

Umlaufvermögen			Kurzfristiges Fremdkapital		
Liquide Mittel		38	Verbindlichkeiten aus L + L		68
Wertschriften		22	Passive Rechnungsabgrenzung		2
Forderungen aus L + L	52				
WB Ford. aus L + L	– 2	50	Langfristiges Fremdkapital		
			Aktionärsdarlehen		46
Warenvorrat	62				
WB Warenvorrat	– 7	55	Eigenkapital		
			Aktienkapital		100
Anlagevermögen			Gesetzliche Kapitalreserve		4
Mobilien		35			
Goodwill		20			
		220			220

G Einkommenssteuer- und AHV-pflichtige Beträge:
- Saldo Bewertungsdifferenzen und
- Evtl. stille Reserven auf der Liegenschaft infolge Überführung ins Privatvermögen

H Weil es ein gekaufter (derivativer) Goodwill ist.

I Rechtfertigung Emissionsagio:
- Einkauf in
  - weitere stille Reserven oder
  - den zusätzlichen Goodwill, der nicht ausgewiesen werden soll.
- Verhandlungsstärke von Helbling

Lösungsvarianten:

	Helbling		Übrige Aktionäre	
	I	II	I	II
Anzahl Aktien	200 ①	1 000 ①	50	250
Aktiennennwerte	250.–	50.–	1 000.–	200.–
Aktienkapitalanteil	50 000.–		50 000.–	

① = Stimmrechtsaktien

In den Statuten der Helbling AG muss erwähnt werden, dass jede Aktie unabhängig vom Nennwert eine Stimme hat (OR 693).
Weitere Varianten sind möglich. Wichtig ist, dass die Anzahl Aktien immer ein Verhältnis von 4 : 1 aufweist.

4.5 Umwandlung eines Einzelunternehmens in eine Aktiengesellschaft ohne Verbuchung der Neubewertung

A

1	Eigenkapital	/ Wertschriften	50
2	Eigenkapital	/ Liegenschaft	165
3	Hypotheken	/ Eigenkapital	100

B

Übergabebilanz des Einzelunternehmens zu Buchwerten

Umlaufvermögen			Kurzfristiges Fremdkapital	
Kasse		10	Verbindlichkeiten aus L+L	147
Post		38	Anzahlung von Kunden	80
Forderungen aus L+L	380		Bank	439
WB Ford. aus L+L	– 43	337	Passive Rechnungsabgrenzung	36
Warenvorrat		360		
Aktive Rechnungsabgrenzung		17	Langfristiges Fremdkapital	
			Hypotheken	265
Anlagevermögen				
Maschinen/Mobiliar	460		Eigenkapital	
WB Maschinen/Mobiliar	–290	170	Eigenkapital	445
Liegenschaften		480		
		1 412		1 412

C Berechnung des Aufgeldes von Egli

a) Warenvorrat

Inventarwert (100 %)	540
10 % Abschreibung	– 54
Bewertung für Aufgeld	486
Buchwert (66 ⅔ %)	–360
Stille Reserve	126

b) WB Forderungen aus L + L

Buchwert	43
5 % von Kundenguthaben 380	– 19
Stille Reserve	24

c) – –

d) Geschäftsmehrwert (Goodwill) 50

Anteil Keller	200 ⟶	80 %
Aufgeld Egli	50 ⟵	20 %

D

1	Aktionäre	/ Aktienkapital		1200
	Aktionäre	/ Agio		50
2	Diverse Aktiven	/ Aktionäre		1412
	Aktionäre	/ Diverses Fremdkapital		967
3	Bank	/ Aktionäre		515 ①
4	Bank	/ Aktionäre		290 ②
5	Agio	/ Post		2
6	Agio	/ Übrige kurzfr. Verbindlichkeiten		12
7	Agio	/ Gesetzliche Kapitalreserve		36

E

Eröffnungsbilanz der Aktiengesellschaft

Umlaufvermögen			Kurzfristiges Fremdkapital		
Kasse		10	Verbindlichkeiten aus L + L		147
Post		36	Übrige kurzfr. Verbindlichkeiten		12
Bank		366	Anzahlung von Kunden		80
Forderungen aus L + L	380		Passive Rechnungsabgrenzung		36
WB Ford. aus L + L	– 43	337			
Warenvorrat		360	**Langfristiges Fremdkapital**		
Aktive Rechnungsabgr.		17 1126	Hypotheken	265	540
Anlagevermögen			**Eigenkapital**		
Maschinen/Mobiliar	460		Aktienkapital	1200	
WB Masch./Mobiliar	–290	170	Gesetzliche Kapitalreserve	36	1236
Liegenschaft		480 650			
		1776			1776

① (80 % von 1 200) – (1 412 – 967) = 515

② (20 % v. 1200) + 50 (Agio) = 290

F Sie können als Aufwand verbucht werden. Dadurch wird der Erfolg negativ beeinflusst, was steuerlich besser ist.

G Abschreibungen zu Lasten des Agios sind erfolgsunwirksam. Dadurch wird ein grösserer Gewinn ausgewiesen.

H Bei Umwandlungen ist nur der Nennwert steuerpflichtig.
1 % v. (Aktienkapital − Freigrenze)
1 % v. (1 200 − 1 000) = <u>2</u>

I

Total stille Reserven (126 + 24)	150
− Latente Steuern 20 % von 150	30
+ Goodwill	<u>50</u>
Anteil Keller	170 ⟶ 80 %
Aufgeld Egli	<u>42,5</u> ⟵ 20 %

4.6 Auflösung einer Kollektivgesellschaft und Gründung einer Aktiengesellschaft

A

1	Warenvorrat	/ Bewertungsdifferenzen		60
2	Sachanlagen	/ Bewertungsdifferenzen		150
3	Bewertungsdifferenzen	/ Wertschriften		2
	Kapital B	/ Wertschriften		38
	Kapital B	/ Aktive Rechnungsabgrenzung		1
4	Bewertungsdifferenzen	/ WB Forderungen aus L + L		5
5	Verbindlichkeiten aus L + L	/ Kapital A		1
6	(bereits gebucht: Forderungsverluste	/ WB Forderungen aus L + L	3)	
	WB Forderungen aus L + L	/ Forderungen aus L + L		3
	Kapital B	/ Bewertungsdifferenzen		1
7	Privat A	/ Kapital A		3
	Kapital B	/ Privat B		3
8	Bewertungsdifferenzen	/ Kapital A		102
	Bewertungsdifferenzen	/ Kapital B		102

B

Bewertungsdifferenzen				Privat A				Privat B			
3	2	60	1	7	3	3	AB	AB	3	3	7
4	5	150	2								
8	102	1	6								
8	102										

	Kapital A				Kapital B			
		130	AB	3	38	95	AB
		1	5	3	1	102	8
		3	7	6	1		
		102	8	7	3		
SB	236			SB	154		

64

C — Übergabebilanz der Kollektivgesellschaft

Umlaufvermögen			Kurzfristiges Fremdkapital	
Flüssige Mittel		90	Verbindlichkeiten aus L+L	97
Forderungen aus L+L	107		Passive Rechnungsabgrenzung	3
WB Forderungen aus L+L	– 7	100		
Warenvorrat		180	Langfristiges Fremdkapital	
			Hypotheken	240
Anlagevermögen				
Sachanlagen		360	Eigenkapital	
			Kapital Arnold	236
			Kapital Berger	154
		__730__		__730__

D

1	a	Aktionäre	/ Aktienkapital	250	
	b	Aktionäre	/ Aktienkapital	100	
	c	Aktionäre	/ Aktienkapital	150	
		Aktionäre	/ Agio	45	(150 St. zu 300.–)
2	a	Kapital A	/ Aktionäre	236	
		Flüssige Mittel	/ Aktionäre	14	
	b	Kapital B	/ Aktionäre	100	
		Kapital B	/ Aktionärshypothek	30	
		Kapital B	/ Flüssige Mittel	24	
	c	Flüssige Mittel	/ Aktionäre	165	
		Nicht einbezahltes Aktienkapital	/ Aktionäre	30	
3		Agio	/ Gesetzl. Kapitalreserve	45	

E

Aktionäre

1a	250	236	2a
1b	100	14	2a
1c	150	100	2b
1c	45	165	2c
		30	2c

F — Eröffnungsbilanz der ABC AG

Umlaufvermögen			Kurzfristiges Fremdkapital	
Flüssige Mittel		245	Verbindlichkeiten aus L+L	97
Forderungen aus L+L	107		Passive Rechnungsabgrenzung	3
WB Forderungen aus L+L	– 7	100		
Warenvorrat		180	Langfristiges Fremdkapital	
			Hypotheken	240
Anlagevermögen			Aktionärshypothek	30
Sachanlagen		360		
Nicht einbezahltes Aktienkapital		30	Eigenkapital	
			Aktienkapital	500
			Gesetzliche Kapitalreserve	45
		__915__		__915__

4.7 Umwandlung einer Kommanditgesellschaft in eine Aktiengesellschaft

A Gewinnverteilung

Gesellschafter	Kapitalanteil	Reingewinnanteil
Arnoux	200	12
Bonvin	200	12
Dubois	100	6
	500	30

B Salden der Kapitalkonten

	Arnoux	Bonvin	Dubois	
Kapital	200	200	100	
Gewinn	12	12	6	
Übertrag Privatkonto	10	7	4	
	222	219	110	
Rundung	– 2 [1]	+ 1 [2]	–	
Saldo Kapitalkonto	220	220	110	Total 550

Notwendige Buchung für [1] und [2]:

Kapital Arnoux	/ Verbindlichkeiten aus L+L	2
Forderungen aus L+L	/ Kapital Bonvin	1

C Unternehmenswert

$$\text{Ertragswert} = \frac{63 \cdot 100}{7} = \underline{900}$$

Ausgewiesenes Eigenkapital der Gesellschafter (nach B)	550
+ Versteuerte stille Reserven	100
+ Nicht versteuerte stille Reserven (65–15)	50
= Substanzwert	700

$$\text{Unternehmenswert} = \frac{900 + 700}{2} = \underline{800}$$

D Abfindungsanspruch von Dubois

Gesellschafter	Beteiligungsverhältnis laut Saldobilanz	Anteil am Unternehmenswert
Arnoux	2	320
Bonvin	2	320
Dubois	1	160
	5	800

E Auflösung stille Reserven

Materialvorrat	/ Reserven	20
Geschäftsliegenschaft	/ Reserven	42
Maschinen, Mobilien	/ Reserven	27
Verbindlichkeiten aus L + L	/ Reserven	11

F Dubois Anspruch an Reserven und Goodwill

	Betrag	Anteil	Anspruch
Versteuerte stille Reserven	100	1/5	20
Nicht versteuerte stille Reserven	50	1/5	10
Goodwill [1]	100	1/5	20
		Total	50

G Buchungen für Dubois Abfindungsanspruch

Reserven	/ Kapital Dubois	50 [2]
Kapital Dubois	/ Abfindung Dubois	160 (110 + 50)

H

Reserven					
Anspruch Dubois	20		20	Materialvorrat	
Anspruch Dubois	10		42	Geschäftsliegenschaft	
Anspruch Dubois	20	50	27	Maschinen/Mobilien	
Saldo	—	50	11	Verbindlichkeiten aus L + L	

Reserven	/ Kapital Arnoux	25
Reserven	/ Kapital Bonvin	25

---

[1] Unternehmenswert – Substanzwert

[2] Steuerlich bessere Variante:

Reserven	/ Kapital Dubois	20	Offene Reserven
Materialvorrat	/ Kapital Dubois	10	Stille Reserven
Goodwill	/ Kapital Dubois	20	Goodwill

I | Umwandlungs- und Ausscheidungsbilanz der Kommanditgesellschaft

Umlaufvermögen		Kurzfristiges Fremdkapital	
Kasse, Post	33	Verbindlichkeiten aus L+L	161
Forderungen aus L+L	188	Bank	50
WB Forderungen aus L+L	– 3	Passive Rechnungsabgrenzung	11
Materialvorrat	100		
Halb- und Fertigfabrikate	242	Langfristiges Fremdkapital	
Aktive Rechnungsabgrenzung	3	Hypotheken	110
		Eigenkapital	
Anlagevermögen		Kapital Arnoux	245
Maschinen, Mobilien	150	Kapital Bonvin	245
Fahrzeuge	59	Abfindung Dubois	160
Geschäftsliegenschaft	210		
	982		982

K | Aktienzahl und Aktienkapitalanteil

	Total	Arnoux	Bonvin	Dubois	Dritte
Unternehmenswert	800	320	320	160	–
Anzahl Aktien	1 000	320	320	–	360
(für 1000.– = 1 Aktie zu nom. 500.–)					
Anteil am Aktienkapital	500	160	160	–	180

L |

1	Aktionäre	/ Aktienkapital		160	} Buchwert	320 Aktien zu 500.–
	Aktionäre	/ Gesetzl. Kapitalreserve		85	} Arnoux	Agio auf 320 Aktien
	Aktionäre	/ Aktienkapital		160	} Buchwert	320 Aktien zu 500.–
	Aktionäre	/ Gesetzl. Kapitalreserve		85	} Bonvin	Agio auf 320 Aktien
	Aktionäre	/ Aktienkapital		180	} Dritte	360 Aktien zu 500.–
	Aktionäre	/ Gesetzl. Kapitalreserve		108		Agio: 360 Aktien · 300.–
2	Kapital A	/ Aktionäre		245		
	Kapital B	/ Aktionäre		245		
3	Bank	/ Aktionäre		288		(180 + 108)
4	Abfindung D	/ Bank		100		
5	Abfindung D	/ Darlehen Dubois		60		

M |

	Aktionäre				Gesetzl. Kapitalreserve				Bank			
1	160							3	288	50	AB
	85	245	2							100	4
1	160				85	1				138	SB
	85	245	2	SB	278	85	1				
1	180					108	1				
	108	288	3								

Gründungsbilanz der Arbo AG

Umlaufvermögen		Kurzfristiges Fremdkapital	
Kasse, Post	33	Verbindlichkeiten aus L+L	161
Bank	138	Passive Rechnungsabgrenzung	11
Forderungen aus L+L	188		
WB Forderungen aus L+L	– 3	Langfristiges Fremdkapital	
Materialvorrat	100	Darlehen Dubois	60
Halb- und Fertigfabrikate	242	Hypotheken	110
Aktive Rechnungsabgrenzung	3		
		Eigenkapital	
Anlagevermögen		Aktienkapital	500
Maschinen, Mobilien	150	Gesetzliche Kapitalreserve	278
Fahrzeuge	59		
Geschäftsliegenschaft	210		
	1 120		1 120

4.8 Gründung einer Kollektivgesellschaft und Umwandlung in eine Aktiengesellschaft

Teil 1 $\boxed{\text{A}}$

1	Einbringungskonto A	/ Kapital Albrecht	100
	Einzahlungskonto B	/ Kapital Bürgi	60
	Einbringungskonto C	/ Kapital Caduff	80
2	Diverse Aktiven	/ Einbringungskonto A	180
	Einbringungskonto A	/ Diverses Fremdkapital	90
	Bank	/ Einbringungskonto A	10
3	Bank	/ Einzahlungskonto B	60
4	Immobilien	/ Einbringungskonto C	220
	Einbringungskonto C	/ Hypotheken	150
	Privat C	/ Einbringungskonto C	10

$\boxed{\text{B}}$ Bürgi zahlt: $\dfrac{48}{240} \cdot 60 = \underline{12}$

Caduff zahlt: $\dfrac{48}{240} \cdot 80 = \underline{16}$

C	5	a	Maschinen in Leasing	/ Bewertungsdifferenzen	20
		b	Privat A	/ Wertschriften	12
			Verbindlichkeiten aus L+L	/ Privat A	4
	6	a	Bewertungsdifferenzen	/ Wertschriften	1
			Aktive Rechnungsabgrenzung	/ Bewertungsdifferenzen	0,2
		b	WB Forderungen aus L+L	/ Bewertungsdifferenzen	9
		c	Materialvorrat	/ Bewertungsdifferenzen	20
		d	Fahrzeuge	/ Bewertungsdifferenzen	15
			Fahrzeuge	/ Wertberichtigung Fahrzeuge	70
		e	Bewertungsdifferenzen	/ Passive Rechnungsabgrenzung	3,2
	7		Goodwill	/ Privat A	13
			Goodwill	/ Privat C	13
	8		Bewertungsdifferenzen	/ Privat A	25
			Bewertungsdifferenzen	/ Privat B	15
			Bewertungsdifferenzen	/ Privat C	20
	9		Reserven	/ Privat A	75
			Reserven	/ Privat B	45
			Reserven	/ Privat C	60
	10		Privat A	/ Kapital A	123
			Privat B	/ Kapital B	80
			Privat C	/ Kapital C	85

Erläuterung zu

6c		Buchwert	Effektiver Wert	Stille Reserven
	Materialvorrat alt	60	120	60
	Materialvorrat neu	80	120	40
	Veränderung	+20	0	−20

6d		Buchwert	Effektiver Wert	Abschreibungen
	Fahrzeuge alt	15	100	85
	Fahrzeuge neu	30	100	70
	Veränderung	+15	0	−15

8 und 9		Kapitalien	Bewertungsdifferenzen	Offene Reserven
	Albrecht	100	25	75
	Bürgi	60	15	45
	Caduff	80	20	60
	Total	240	60	180

D Bewertungsdifferenzen

6a	1	20	5a
6e	3,2	0,2	6a
		9	6b
		20	6c
		15	6d
8	25		
8	15		
8	20		
	64,2	64,2	

Privat A			
		18	AB
5b	12	4	5b
		13	7
		25	8
10	123	75	9
	135	**135**	

Privat B			
		20	AB
		15	8
		45	9
10	80		
	80	**80**	

Privat C			
AB	8		
		13	7
		20	8
		60	9
10	85		
	93	**93**	

E

Kapitaleinlage	60
Goodwillanteil	21
Anteil stille Reserven	26
Übertrag Privatkonto	80
Abfindungssumme	187

F

11	Fertigfabrikate	/ Kapital B	21
	Fertigfabrikate	/ Kapital B	26
12	Kapital B	/ Maschinen in Leasing	40
	Leasingverbindlichkeiten	/ Kapital B	30
	Kapital B	/ Darlehen	100
	Kapital B	/ Bank	77

G

Kapital B			
		60	AB
		80	10
		21	11
		26	11
12	40	30	12
12	100		
12	77		
	217	**217**	

H

1)	Ertragswert	− Substanzwert	= 2 · Goodwill	
2)	Substanzwert	= Ertragswert	− 2 · Goodwill	
3)	Substanzwert	= 700	− 2 · 63	= 574
4) −	Eigenkapital (Fibu)	= Kap. A, B, C	+ Reserven	= 420
	Stille Reserven	=		= 154

Teil 3 [I]

#	Soll	Haben	Betrag
13	Aktionäre	/ Aktienkapital	400
	Aktionäre	/ Aktienkapital	200
	Aktionäre	/ Agio	50
14	Kapital A	/ Aktionäre	200
	Kapital A	/ Bank	40
	Kapital C	/ Aktionäre	190
	Kasse	/ Aktionäre	10
15	Bank	/ Aktionäre	120
	Bank	/ Aktionäre	50
	Nicht einbezahltes Aktienkapital	/ Aktionäre	80
16	Agio	/ Gesetzliche Kapitalreserve	50

[K]

Eröffnungsbilanz der ALCA AG vom 1.7.20_6

Umlaufvermögen			Kurzfristiges Fremdkapital	
Kasse, Post		30	Verbindlichkeiten aus L+L	60
Bank		140	Anzahlungen von Kunden	12
Forderungen aus L+L	80		Passive Rechnungsabgrenzung	4
WB Forderungen aus L+L	− 5	75	Rückstellungen	32
Materialvorrat		90		
Fertigfabrikate		210	**Langfristiges Fremdkapital**	
			Darlehen	186
Anlagevermögen			Hypotheken	250
Maschinen		100		
Mobilien		95	**Eigenkapital**	
Fahrzeuge	100		Aktienkapital	600
WB Fahrzeuge	− 90	10	Gesetzliche Kapitalreserve	50
Immobilien		350		
Goodwill		14		
Nicht einbez. Aktienkapital		80		
		1 194		**1 194**

[L] Lösungsvarianten:

	Albrecht		Caduff und übrige Aktionäre	
	I	II	I	II
Anzahl Aktien	800	200	400	100
Aktiennennwerte	250.–	1 000.–	1 000.–	4 000.–
Aktienkapitalanteil	200 000.–		400 000.–	

In den Statuten der Alca AG muss erwähnt werden, dass jede Aktie unabhängig vom Nennwert eine Stimme hat (OR 693).
Weitere Varianten sind möglich. Wichtig ist, dass die Anzahl Aktien immer ein Verhältnis von 2 : 1 aufweisen.

5 Fusion

5.1 Unternehmens- und Aktienbewertung

A Unternehmensbewertung

1 Eigenkapital laut Bilanz

Aktienkapital	300 Mio.	
Reserven	300 Mio.	
Buchwert des Reinvermögens		= 600 Mio.

2 Reinvermögen laut Bilanz 600 Mio.

+ Stille Reserven auf			
Vorräte	60 Mio.		
Sachanlagen	90 Mio.	150 Mio.	
Substanzwert			= 750 Mio.

3 Ertragswert $= \dfrac{100 \cdot \text{Zukunftsgewinn}}{\text{Kapitalisierungszinssatz}} = \dfrac{100 \cdot 126 \text{ Mio.}}{12} = 1\,050$ Mio.

4 Unternehmenswert $= \dfrac{2 \cdot \text{Ertragsw.} + 1 \cdot \text{Substanzw.}}{3} = \dfrac{2 \cdot 1050 \text{ Mio.} + 1 \cdot 750 \text{ Mio.}}{3} = 950$ Mio.

5

Unternehmenswert	950 Mio.	
– Substanzwert	750 Mio.	
Goodwill		= 200 Mio.

B Aktienbewertung

1 Bilanzwert $= \dfrac{\text{Buchwert Reinvermögen}}{\text{Aktienzahl}} = \dfrac{600 \text{ Mio.}}{3 \text{ Mio.}} = 200.–$

2 Substanzwert $= \dfrac{\text{Substanzwert}}{\text{Aktienzahl}} = \dfrac{750 \text{ Mio.}}{3 \text{ Mio.}} = 250.–$

3 Innerer Wert $= \dfrac{\text{Unternehmenswert}}{\text{Aktienzahl}} = \dfrac{950 \text{ Mio.}}{3 \text{ Mio.}} = 316.67$

5.2 Berechnung von verschiedenen Bewertungsgrössen

A Unternehmensbewertung

1 Eigenkapital laut Bilanz

Aktienkapital	500 000.–	
Reserven	126 000.–	
Gewinnvortrag	8 000.–	
Buchwert des Reinvermögens		= 634 000.–

2 Reinvermögen laut Bilanz 634 000.–

+ Stille Reserven auf

Wertschriften	6 000.–	
Vorräte	210 000.–	
Maschinen und Einrichtungen	120 000.–	
Fabrikgebäude	290 000.–	
Wohnhaus	100 000.–	
Rückstellungen	40 000.–	
	766 000.–	
Substanzwert		= 1 400 000.–

3 Ertragswert

$$= \frac{100 \cdot \text{Nachhaltiger Jahresgewinn}}{\text{Kapitalisierungszinssatz}} = \frac{100 \cdot 134\,100}{9} = 1\,490\,000.–$$

4 Unternehmenswert

$$= \frac{3 \cdot \text{Ertragsw.} + 1 \cdot \text{Substanzw.}}{4} = \frac{3 \cdot 1\,490\,000 + 1 \cdot 1\,400\,000}{4} = 1\,467\,500.–$$

5

Unternehmenswert	1 467 500.–	
– Substanzwert	1 400 000.–	
Goodwill		= 67 500.–

6 Börsenkapitalisierung = 1 000 Aktien · 950.– = 950 000.–

B Aktienbewertung

1 Bilanzwert $= \dfrac{\text{Buchwert Reinvermögen}}{\text{Aktienzahl}} = \dfrac{634\,000}{1\,000} = 634.–$

2 Substanzwert $= \dfrac{\text{Substanzwert}}{\text{Aktienzahl}} = \dfrac{1\,400\,000}{1\,000} = 1\,400.–$

3 Innerer Wert $= \dfrac{\text{Unternehmenswert}}{\text{Aktienzahl}} = \dfrac{1\,467\,500}{1\,000} = 1\,467.50$

4 Dividendenrendite $= \dfrac{100 \cdot \text{Dividende}}{\text{Aktienkurs}} = \dfrac{100 \cdot 40}{950} = 4,21\,\%$

5 Gewinnrendite $= \dfrac{100 \cdot \text{effekt. RG je Aktie}}{\text{Aktienkurs}} = \dfrac{100 \cdot 122}{950} = 12,84\,\%$

6 PER auf Aktienkurs $= \dfrac{\text{Aktienkurs}}{\text{effektiver RG je Aktie}} = \dfrac{950}{122} = 7,8$

PER auf Inneren Wert $= \dfrac{\text{Innerer Wert}}{\text{effektiver RG je Aktie}} = \dfrac{1\,467,5}{122} = 12,0$

7 EK-Rendite $= \dfrac{100 \cdot \text{effekt. RG je Aktie}}{\text{effektives EK je Aktie}} = \dfrac{100 \cdot 122}{1\,400} = 8,7\,\%$

5.3 Änderung der Aktienwerte

A   Umtauschverhältnis: 1 A-Aktie : 3 B-Aktien

B   Herabsetzung des Aktienwertes bei A (Kapitalverwässerung)
- Auszahlung frei verfügbarer Reserven
- Rückzahlung eines Teils des Aktiennennwertes
- Ausgabe von Gratisaktien
- Aktienkapitalerhöhung unter dem aktuellen Wert
- Aktiensplit

Heraufsetzung des Aktienwertes bei B (Kapitalverdichtung)
- Freiwillige Zuzahlung von Aktionären
- Umwandlung von Aktienkapital in Reserven
  (Herabsetzung des Aktienkapitals durch Vernichtung von Aktien)

C   Variante A

1	Tauschverhältnis:		1 A-Aktie 3 B-Aktien	
	Tauschwert:		1650.– / 550.–	
2 a	Allgemeine gesetzliche Reserve	(80000.– + 120000.–)		200000.–
b	Der Teil, der 50% des Aktienkapitals übersteigt; hier	= 0.–[1]		
3	Substanzwert vor Ausschüttung	(800 Stück zu 1750.–)		1400000.–
	Substanzwert nach Ausschüttung	(800 Stück zu 1650.–)		1320000.–
	Auszahlung	(800 Stück zu 100.–)		80000.–
4	35% Verrechnungssteuer von 80000.–	= 28000.–		
5	Freiwillige Gewinnreserven	/ Liquide Mittel		52000.–
	Freiwillige Gewinnreserven	/ Liquide Mittel		28000.–
6	Rückzahlung von CHF 100.– Nennwert je A-Aktie			
	Aktienkapital	/ Liquide Mittel		80000.–

---

[1]   Allgemeine gesetzliche Reserve (= 200000.–) < 50% vom Aktienkapital (= 800000.–)

D Variante B

1. Alter Aktienbestand (1 400 000.– / 1750.–) = 800 Stück

   Neuer Aktienbestand (1 400 000.– / 1650.–) = 848 Stück

   Anzahl Gratisaktien = 48 Stück

2. Freiwillige Gewinnreserven / Aktienkapital 48 000.–

3. 1 % von 48 000.– = 480.– (Pari-Emission, keine Freigrenze)

E Variante C

1.

Wert 1 Aktie vor Kapitalerhöhung	1750.–
– Wert 1 Aktie nach Kapitalerhöhung	1650.–
Wert 1 Bezugsrecht	100.–

2. Bezugspreisberechnung

   ohne Formel:

Wert 2 alte Aktien zu 1750.–	= 3500.–
Wert 1 neue Aktie zu ?	= 1450.–
Wert 3 Aktien nach Kapitalerhöhung	= 4950.–
Wert 1 Aktie nach Kapitalerhöhung	= 1650.–

   mit Formel:

$$E = A - B \cdot \left(\frac{a}{n} + 1\right) = 1\,750.- - 100.- \cdot \left(\frac{2}{1} + 1\right) \qquad = 1\,450.-$$

3. Bank / Aktienkapital 400 000.–

   Bank / Gesetzliche Kapitalreserve 180 000.–

F

1. 1750.– – 1650.– = 100.–

2. $1\,750.- - 100.- \cdot \left(\frac{1}{1} + 1\right) = 1\,550.-$

3. Bank / Aktienkapital 800 000.–

   Bank / Gesetzliche Kapitalreserve 440 000.–

G Variante D

1. Tauschverhältnis 1 A-Aktie : 3 B-Aktien

   Tauschwert: 1750.– : 583⅓

2. Zuzahlung

   je B-Aktie (583⅓ – 550.–) = 33⅓

   insgesamt (600 Stück zu 33⅓) = 20 000.–

3. Bank / Gesetzliche Kapitalreserve 20 000.–

4. Die freiwillige Zuzahlung entspricht einem Zuschuss der Aktionäre.
   1 % von 20 000.– = 200.– (Pari-Emission, keine Freigrenze)

5. Nein, OR 680/1

H Variante E

1	Alter Aktienbestand	(330 000.– / 550.–)	= 600 Stück
	Neuer Aktienbestand	(330 000.– / 583⅓)	= 566 Stück
	Vernichtung von		= 34 Stück
2	Aktienkapital	/ Gesetzliche Kapitalreserve	17 000.–

I

1 Der Nennwert einer bestehenden Aktie wird verkleinert und die Anzahl Aktien im gleichen Verhältnis erhöht, so dass sich die Höhe des Aktienkapitals nicht verändert. Durch die Erhöhung der Aktienstückzahl sinkt der (Bilanz-, Substanz- und Innere) Wert einer Aktie stark.

2 Eine bestehende A-Aktie muss in 3 neue A-Aktien aufgeteilt werden.

3 Es gibt keine Buchung, da sich die Höhe des Aktienkapitals nicht verändert.

4

	Aktienkapital	=	Stückzahl	·	Nennwert je Aktie
Vor Split	720 000.–[①]	=	800	·	900.–
Nach Split	720 000.–	=	2 400	·	300.–

5 a Bilanzwert der A-Aktie nach Nennwertreduktion und vor Aktiensplit = 1 650.–

 b Bilanzwert nach Nennwertreduktion und nach Aktiensplit: 1 650.– / 3 = 550.–

 c Neues Umtauschverhältnis = 1 A-Aktie zu 550.– gegen 1 B-Aktie zu 550.–

5.4 Anpassung des Aktienwertes

A

		Xaver AG	Yellow AG
1	Aktienzahl	1 000	200
2	Substanzwert einer Aktie	4 200.–	16 000.–
3	Tauschverhältnis	4	: 1

B

1

Wert 1 Aktie vor	Kapitalerhöhung	= 4 200.–
Wert 1 Aktie nach	Kapitalerhöhung	= 4 000.–
Wert 1	Bezugsrecht	= 200.–

2

		Bestand		Erhöhung
Aktienkapital		1 000 000.–		400 000.–
Bezugsverhältnis	ungekürzt	10	:	4
	gekürzt	5	:	2

① 800 000.– – (800 · 100.– nom.) = 720 000.–

3　ohne Formel:

Wert 5 alte	Aktien	zu 4 200.–	= 21 000.–
Wert 2 neue	Aktien	zu **3 500.–** ←	= 7 000.– ←
Wert 7	Aktien nach Kapitalerhöhung		= 28 000.– ←
⌀ Wert 1	Aktie nach Kapitalerhöhung		= 4 000.– ←
Wert 1	Aktie		= 4 200.–
Wert 1	Bezugsrecht		= 200.–

mit Formel:

$$E = A - B \cdot \left(\frac{a}{n} + 1\right) = \underline{3\,500.-}$$

5.5　Anpassung des Substanzwertes

A

Bisherige Aktienzahl	(3 240 000.– / 1 620.–)	= 2 000 Stück
Gewünschte Aktienzahl	(3 240 000.– / 1 500.–)	= 2 160 Stück
Anzahl Gratisaktien		= 160 Stück

B　Berechnung mit allen Aktien

Bisher: 2 000 Aktien · 1 620.–	= 3 240 000.–	
Neu: 400 Aktien · ?	= 360 000.– ←	
Total: 2 400 Aktien · 1 500.–	= 3 600 000.–	

? = 360 000.– / 400 = <u>900.–</u>

Berechnung mit Bezugsverhältnis und Wert des Bezugsrechts

Bezugsverhältnis:	2 000 : 400 = 5 : 1
Wert Bezugsrecht:	1 620.– – 1 500.– = 120.–

Emissionspreisberechnung
ohne Formel:

Wert 5 alte Aktien	zu 1 620.–	8 100.–
Wert 1 neue Aktie	zu ?	**900.–** ←
Wert 6 Aktien	zu 1 500.–	9 000.–

mit Formel:

$$E = A - B \cdot \left(\frac{a}{n} + 1\right) = 1\,620.- - 120.- \cdot \left(\frac{5}{1} + 1\right) = \underline{900.-}$$

5.6 Anpassung des Inneren Wertes

$$\frac{2 \cdot 1\,800.- + 1 \cdot x}{3} = 1\,700.-$$

$$x = (1\,700.- \cdot 3) - 3\,600.-$$
$$x = \underline{1\,500.-}$$

5.7 Fusion mit Wertdifferenzen

A 1   Hunger AG: $1\,500.- = \dfrac{300\,000.- + 110\,000.- + 140\,000.- + 250\,000.- + 100\,000.-}{600 \text{ Stück}}$

      Futter AG: $3\,000.- = \dfrac{200\,000.- + 50\,000.- + 30\,000.- + 20\,000.-}{100 \text{ Stück}}$

2   <u>2 Hunger-Aktien gegen 1 Futter-Aktie</u>

3   Anzahl Hunger-Abfindungsaktien $= \dfrac{2 \cdot 100}{1} = \underline{200 \text{ Stück}}$

     oder

Für 1 Futter-Aktie	⟶	2 Hunger-Aktien
Für 100 Futter-Aktien	⟶	200 Hunger-Aktien

4   Aktienkapitalerhöhung = 200 Stück $\cdot$ 500.– nom.   = 100 000.–

5   Buchwert Reinvermögen der Futter AG   250 000.–
    –   Aktienkapitalerhöhung der Hunger AG   100 000.–
       Fusionsagio   150 000.–

B   Hunger AG

1	Fusion mit F	/ Aktienkapital	100 000.–
	Fusion mit F	/ Gesetzliche Kapitalreserve	100 000.–
	Fusion mit F	/ Gesetzliche Gewinnreserve	50 000.–
2	Diverse Aktiven	/ Fusion mit F	330 000.–
	Fusion mit F	/ Diverses Fremdkapital	80 000.–

  Futter AG

1	Aktienkapital	/ Fusion mit H	200 000.–
	Gesetzliche Gewinnreserve	/ Fusion mit H	50 000.–
2	Fusion mit H	/ Diverse Aktiven	330 000.–
	Diverses Fremdkapital	/ Fusion mit H	80 000.–

B | **Bilanz der Hunger AG nach Fusion** |

Diverse Aktiven	1 200 000	Diverses Fremdkapital	400 000
		Eigenkapital	
		Aktienkapital	400 000
		Gesetzliche Kapitalreserve	100 000
		Gesetzliche Gewinnreserve	160 000
		Freiwillige Gewinnreserven	140 000
	1 200 000		1 200 000

D

1	Substanzwert		2	Innerer Wert	
	Vor Fusion	1 333.33 ①		Vor Fusion	1 500.–
	Nach Fusion	1 350.– ②		Nach Fusion	1 500.– ③
	Fusionsgewinn	16.67		Fusionsgewinn	0.–

5.8 Absorption mit Ausgleichs- und Abfindungszahlungen

A

1	Für 2 Techno-Aktien ⟶ 5 Heavy-Metal-Aktien	
	Für 4 000 Techno-Aktien ⟶ 10 000 Heavy-Metal-Aktien	
2	10 000 Heavy-Metal-Aktien zu 18.– Nennwert	180 000.–
3	4 000 Techno-Aktien · 25.– je 2 Techno-Aktien	50 000.–
4	2 000 Techno-Aktien · 150.–	300 000.–
5	Buchmässiges Reinvermögen der Techno AG	360 000.–
–	Aktienkapitalerhöhung der Heavy Metal SA	180 000.–
–	Ausgleichszahlung	50 000.–
–	Abfindungszahlung	300 000.–
	Fusionsdisagio	–170 000.–

B

1	Nennwert der getauschten Techno-Aktien (4 000 · 50.–)	200 000.–
–	Aktienkapitalerhöhung und Ausgleichszahlung der Heavy Metal SA	230 000.–
	Verminderung offene Reserven (= verrechnungssteuerpflichtig)	– 30 000.–
2	Nennwert der abgefundenen Techno-Aktien (2 000 · 50.–)	100 000.–
–	Abfindungszahlung der Heavy Metal SA	300 000.–
	Verminderung offene Reserven (= verrechnungssteuerpflichtig)	–200 000.–

$$① \quad \frac{300\,000.- + 110\,000.- + 140\,000.- + 250\,000.-}{600 \text{ Stück}} = 1\,333.33$$

$$② \quad \frac{400\,000.- + 260\,000.- + 140\,000.- + 280\,000.-}{800 \text{ Stück}} = 1\,350.-$$

$$③ \quad \frac{400\,000.- + 260\,000.- + 140\,000.- + 280\,000.- + 120\,000.-}{800 \text{ Stück}} = 1\,500.-$$

1	Fusion mit T	/ Aktienkapital	180 000.–		
2	Freiwillige Gewinnreserven	/ Fusion mit T	170 000.–		
3	Fusion mit T	/ Liquide Mittel	10 500.–	35 % von 30 000.–	
	Fusion mit T	/ Liquide Mittel	39 500.–	(50 000.– – 10 500.–)	
4	Fusion mit T	/ Liquide Mittel	100 000.–	Nennwertrückzahlung für Techno-Aktionäre	
	Fusion mit T	/ Liquide Mittel	130 000.–	65 %	
	Fusion mit T	/ Liquide Mittel	70 000.–	35 %	
5	Liquide Mittel	/ Fusion mit T	30 000.–		
	Übrige Aktiven	/ Fusion mit T	540 000.–		
	Fusion mit T	/ Diverses Fremdkapital	210 000.–		

Bilanz der Heavy Metal SA nach Fusion

Liquide Mittel	80 000	Diverses Fremdkapital		5 910 000
Übrige Aktiven	8 340 000	**Eigenkapital**		
		Aktienkapital		1 080 000
		Gesetzliche Gewinnreserve		200 000
		Freiwillige Gewinnreserven		1 230 000
	8 420 000			8 420 000

Offene Reserven vor Fusion	1 660 000.–	(Heavy Metal SA und Techno AG)
Offene Reserven nach Fusion	1 430 000.–	(Heavy Metal SA)
Reservenverminderung	230 000.–	= verrechnungssteuerpflichtig

1	Aktienkapital	/ Fusion mit HM	300 000.–
	Gesetzliche Gewinnreserve	/ Fusion mit HM	25 000.–
	Freiwillige Gewinnreserven	/ Fusion mit HM	35 000.–
2	Keine Buchungen; betrifft Techno-Aktionäre		
3	Fusion mit HM	/ Liquide Mittel	30 000.–
	Fusion mit HM	/ Übrige Aktiven	540 000.–
	Diverses Fremdkapital	/ Fusion mit HM	210 000.–

5.9 Fusion mit Kapitalverwässerung und Wertdifferenzen

A

Wert 1 Aktie vor	Kapitalerhöhung	2 800.–
Wert 1 Aktie nach	Kapitalerhöhung	2 600.–
Wert 1 Bezugsrecht		200.–

Emissionspreisberechnung
ohne Formel:

Wert 2 alte	Aktien zu 2 800.–	5 600.–	
Wert 1 neue	Aktie zu ?	**2 200.–**	←
Wert 3	Aktien nach Kapitalerhöhung	7 800.–	
∅ Wert 1	Aktie nach Kapitalerhöhung	2 600.–	←
Wert 1	Aktie vor Kapitalerhöhung	2 800.–	
Wert 1	Bezugsrecht	200.–	

mit Formel:

$$E = A - B \cdot (\frac{a}{n} + 1) = 2\,800 - 200 \cdot (\frac{2}{1} + 1) = \qquad 2\,200.–$$

B

1	a	Liquide Mittel	/ Aktienkapital	500 [250[1] Stück zu 2 000.–]
	b	Liquide Mittel	/ Gesetzliche Kapitalreserve	50 [250[1] Stück zu 200.–]

C

Für	4 B-Aktien	→	1 A-Aktie
Für 1000 B-Aktien		→	250 A-Aktien [2]

$$\text{oder:} = \frac{1 \cdot 1\,000}{4} = 250 \text{ Stück}$$

D

	Buchwert Reinvermögen von B	700 000.–	
–	Aktienkapitalerhöhung bei A	500 000.–	[250[2] Stück zu 2 000.–]
	Fusionsagio	200 000.–	

E

bei A

2	a	Fusion mit B	/ Aktienkapital	500
	b	Fusion mit B	/ Gesetzliche Kapitalreserve	200

bei B

2	a	Aktienkapital	/ Fusion mit A	1 000
	b	Fusion mit A	/ Verlustvortrag	300

[1] Anzahl Aktien zwecks Kapitalverwässerung
[2] Anzahl Aktien zwecks Abfindung (= Abfindungsaktien)

F bei A

3	Liquide Mittel	/ Fusion mit B	100
	Forderungen	/ Fusion mit B	250
	Vorräte	/ Fusion mit B	350
	Anlagen	/ Fusion mit B	500
	Fusion mit B	/ Diverses Fremdkapital	500

bei B

3	Fusion mit A	/ Liquide Mittel	100
	Fusion mit A	/ Forderungen	250
	Fusion mit A	/ Vorräte	350
	Fusion mit A	/ Anlagen	500
	Diverses Fremdkapital	/ Fusion mit A	500

G **Bilanz der A-AG nach Verschmelzung**

Liquide Mittel	850	
Forderungen	550	
Vorräte	750	
Anlagen	1 600	
Diverses Fremdkapital		1 100
Eigenkapital		
Aktienkapital		2 000
Gesetzliche Kapitalreserve		250
Gesetzliche Gewinnreserve		400
	3 750	3 750

H Variante I

Substanzwert von B	700 000.–	
Substanzwert der A-Abfindungsaktien	–650 000.–	(2 600.– · 250 St.)
Fusionsgewinn total	50 000.–	
Fusionsgewinn je A-Aktie	50.–	(50 000.– / 1 000 St. [1])

Variante II

Substanzwert A-Aktie vor Fusion	2 600.–	(1 950 000.–[2] / 750 St.)
Substanzwert A-Aktien nach Fusion	2 650.–	(2 650 000.– / 1 000 St.)
Fusionsgewinn je A-Aktie	50.–	
Fusiongsgewinn total	50 000.–	(50.– · 1 000 St.)

[1] 500 Stück + 250 Stück + 250 Stück = 1 000 Stück
[2] (1 000 + 400 + 500 + 50) · 1 000.– = 1,95 Mio.

I Ein **Fusionsagio** ergibt sich, wenn
der Buchwert des Reinvermögens von B grösser ist als die Summe der Nennwerte
der A-Abfindungsaktien.

Ein **Fusionsgewinn** entsteht, wenn
der Substanzwert von B grösser ist als der Substanzwert der A-Abfindungsaktien.
Folge: Der Substanzwert der A-Aktien steigt.

K Ein **Fusionsdisagio** ergibt sich, wenn
der Buchwert des Reinvermögens von B kleiner ist als die Summe der Nennwerte
der A-Abfindungsaktien.

Ein **Fusionsverlust** entsteht, wenn
der Substanzwert von B kleiner ist als der Substanzwert der A-Abfindungsaktien.
Folge: Der Substanzwert der A-Aktien sinkt.

Spezialfall:
Ist der tatsächliche Wert von B sogar noch kleiner als der Nennwert der A-Abfindungsaktien,
liegt eine verbotene Unter pari-Emission (OR 624) vor.

5.10 Fusion mit vorgängiger Anpassung der Aktienwerte durch Ein- und Auszahlung von Reserven

A bei F

600 Aktien zu 1 600.–	= 960 000.–	
600 Aktien zu 1 500.–	= 900 000.–	
Auflösung stiller Reserven	= 60 000.–	

1 a Übrige Aktiven	/ Freiwillige Gewinnreserven	60
b Freiwillige Gewinnreserven	/ Bank	39
c Freiwillige Gewinnreserven	/ Bank	21

bei G

900 Aktien zu 450.–	= 405 000.–	
900 Aktien zu 500.–	= 450 000.–	
Fehlbetrag	= 45 000.–	

2 a Bank	/ Gesetzliche Kapitalreserve	30
b Diverses Fremdkapital	/ Gesetzliche Kapitalreserve	15

B

Buchwert Reinvermögen von B	450 000.–
– Aktienkapitalerhöhung bei F	300 000.– [1]
Fusionsagio	150 000.–

[1] Für 3 G-Aktien ⟶ 1 F-Aktie
Für 900 G-Aktien ⟶ 300 F-Aktien
300 Abfindungsaktien zu 1000.– nom. = 300 000.–

84

C	3	Fusion mit G	/ Aktienkapital	300
	4	Fusion mit G	/ Fusionsagio	150
	5	Fusionsagio	/ Gesetzliche Kapitalreserve	115 [1]
		Fusionsagio	/ Gesetzliche Gewinnreserve	35 [2]
	6	Bank	/ Fusion mit G	82
		Übrige Aktiven	/ Fusion mit G	423
		Fusion mit G	/ Diverses Fremdkapital	55

D **Bilanz F nach Fusion**

Bank	155	
Übrige Aktiven	1 183	
Diverses Fremdkapital		188
Eigenkapital		
Aktienkapital		900
Gesetzliche Kapitalreserve		145
Gesetzliche Gewinnreserve		83
Freiwillige Gewinnreserven		20
Gewinnvortrag		2
	1 338	1 338

E

Unternehmenswert	960 000.–	(600 Aktien zu 1 600.–)
– Goodwill	70 000.–	
Substanzwert	890 000.–	
– Buch- bzw. Bilanzwert	700 000.–	
Stille Reserven	190 000.–	

F

Auszahlung stille Reserven für 600 F-Aktien	60 000.–	
Auszahlung stille Reserven für 10 F-Aktien	1 000.–	
Bank	/ Wertschriftenertrag	650.–
VST-Guthaben	/ Wertschriftenertrag	350.–

G

Fehlbetrag für 900 G-Aktien	45 000.–	
Fehlbetrag für 15 G-Aktien	750.–	
Wertschriftenbestand	/ Bank	500.–
Wertschriftenbestand	/ Forderungen aus L + L	250.–

[1] Stammt aus dem steuerbefreiten Aktienkapital von G: AK von G 360 – AK-Erhöhung bei F 300 und der steuerbefreiten Kapitalreserve von G 55 (10 + 30 + 15) = 115.
Andere mögliche Berechnung: 150 – 35 (siehe Fussnote 2).
[2] Stammt aus der steuerbaren Gewinnreserve von G: 35. Sie darf nicht in steuerbefreite Kapitalreserve bei F umgewandelt werden.

5.11 Fusion mit Ausgabe von neuen Aktien zu einem Vorzugspreis an die Aktionäre der übertragenden Gesellschaft

A

Für	3 T-Aktien	$\longrightarrow$	1 S-Aktie
Für	900 T-Aktien	$\longrightarrow$	300 S-Aktien

B

	Buchwert Reinvermögen von T	= 558 000.–
–	Aktienkapitalerhöhung bei S	= 300 000.–
=	Fusionsagio	= 258 000.–

C

1	a	Fusion mit T	/ Aktienkapital	300 000.–
	b	Fusion mit T	/ Gesetzliche Kapitalreserve	150 000.– [1]
		Fusion mit T	/ Gesetzliche Gewinnreserve	108 000.– [2]
2		Diverse Aktiven	/ Fusion mit T	800 000.–
		Fusion mit T	/ Diverses Fremdkapital	242 000.–

D

	Abfindungsaktien : Vorzugsaktien
Aktienzahl	300 : 150
Bezugsverhältnis	2 : 1

E Folgendes ist bei der Berechnung des Vorzugskurses zu beachten:

1) Der Substanzwert darf laut Bedingung nicht unter CHF 1800.– fallen, d. h. der korrekte Emissionspreis beträgt CHF 1800.–.

2) Die T-Aktionäre übergeben zusätzlich
   mit   1 T-Aktien CHF   20.–, d. h.
   mit 900 T-Aktien CHF 18 000.–.
   Dieser Mehrbetrag wird mit 150 S-Aktien zu einem Vorzugspreis abgegolten.

3)

	Korrekter Emissionspreis	1800.–
–	Abgeltung je Aktie (18 000.– / 150 Stück)	120.–
	Vorzugskurs	1680.–

oder

	Stück	Preis	Betrag
Soll (nach **F**)	950 (500 + 300 + 150)	· 1800.–	= 1 710 000.–
Ist (vor **F**)	800 (500 + 300)	· 1822.50	= 1 458 000.– [3]
Vorzugsaktien	150 $\longrightarrow$	· 1680.– $\longleftarrow$	252 000.–

[1] Stammt aus dem steuerbefreiten Aktienkapital von T: AK von T 450 000 – AK-Erhöhung bei S 300 000 = 150 000. Andere mögliche Berechnung: 258 000 – 108 000 (siehe Fussnote 2).

[2] Stammt aus steuerbaren Gewinnreserven von T: (90 000 + 18 000) = 108 000. Sie dürfen nicht in steuerbefreite Kapitalreserve bei S umgewandelt werden.

[3] bei S

Aktienkapital alt	500 000.–
Gesetzliche Gewinnreserve	100 000.–
Stille Reserven alt	300 000.–
Aktienkapital zusätzlich (siehe **C**)	300 000.–
Gesetzliche Kapitalreserve zusätzlich	150 000.–
Gesetzliche Gewinnreserve zusätzlich	108 000.–
Eigenkapital neu	1 458 000.–

F 3   Bank   / Aktienkapital   150 000.–

        Bank   / Gesetzliche Kapitalreserve   102 000.–

G **Bilanz der Gesellschaft S nach Fusion und Neuemission** (in CHF 1000.–)

Diverse Aktiven	2 552	
Diverses Fremdkapital		842
Eigenkapital		
Aktienkapital		950
Gesetzliche Kapitalreserve		252
Gesetzliche Gewinnreserve		208
Freiwillige Gewinnreserven		300
	2 552	2 552

H Substanzwert je Aktie $= \dfrac{\text{Eigenkapital}}{\text{Aktienzahl}} = \dfrac{1\,710\,000.-}{950} = \underline{1\,800.-}$

I Aus der Sicht der Gesellschaft S:

Wert der eingebrachten T-Aktien (3 · 620.–)   1 860.–

Emissionspreis 1 neuen S-Aktie   1 680.– (Vorzugskurs)

$$B = \dfrac{A - E}{\dfrac{a}{n} + 1} = \dfrac{1\,860 - 1\,680}{\dfrac{2}{1} + 1} = \underline{60.-}$$

Aus der Sicht des T-Aktionärs:

Wert 1 S-Aktie vor Aktienkapitalerhöhung		1 800.–
Wert 1 S-Aktie zum Vorzugspreis (= Zahlung)	1 680.–	
+ Wertverlust wegen Umtausch (3 · 20.–)	60.–	
Wert 1 S-Aktie nach Aktienkapitalerhöhung für T	1 740.–	1 740.–
Wert 1 Bezugsrecht		60.–

K

Wert 1 Aktie	1 800.–
+ Verkauf 1 Bezugsrecht	60.–
	1 860.–
– Kauf 1 Vorzugsaktie	1 680.–
Ertrag	180.–

L Es spielt keine Rolle, da der Verkauf von 3 Bezugsrechten ebenfalls einen Erlös von 180.– ergibt.

5.12 Fusion mit Minderheitsbeteiligung der übertragenden Gesellschaft an der übernehmenden Gesellschaft

A Pi AG

1	Aktienkapital	/ Eigene Aktien		15
	Freiwillige Gewinnreserven	/ Eigene Aktien		9
	Freiwillige Gewinnreserven	/ Liquide Mittel	$\dfrac{9 \cdot 35}{65}$	5

B

Für 5 Pi-Aktien	$\longrightarrow$	2 Omikron-Aktien
Für 11 700 Pi-Aktien	$\longrightarrow$	4 680 Omikron-Aktien

C

		---:
Buchwert Reinvermögen der Pi AG	811
– Aktienkapitalerhöhung der Omikron AG	468
Fusionsagio	343

D Omikron AG

2	Fusion mit P	/ Aktienkapital	468
3	Fusion mit P	/ Gesetzliche Kapitalreserve	117 [1]
	Fusion mit P	/ Gesetzliche Gewinnreserve	226 [2]

Pi AG

2	Aktienkapital	/ Fusion mit O	585
	Gesetzliche Gewinnreserve	/ Fusion mit O	171
	Freiwillige Gewinnreserven	/ Fusion mit O	52
	Gewinnvortrag	/ Fusion mit O	3

E Pi AG

4	Fusion mit O	/ Diverse Aktiven	1 495
	Diverses Fremdkapital	/ Fusion mit O	684

Omikron AG

4	Diverse Aktiven	/ Fusion mit P	1 495
	Fusion mit P	/ Diverses Fremdkapital	684
	Eigene Aktien	/ Beteiligungen	80

[1] Stammt aus steuerbefreitem Aktienkapital von Pi: AK von Pi 585 – AK-Erhöhung bei O 468 = 117. Andere mögliche Berechnung: 343 – 226 (siehe Fussnote 2).

[2] Entspricht den steuerbaren Gewinnreserven (171 + 52) und dem steuerbaren Gewinnvortrag (3) von Pi = 226.

F

Bilanz der Omikron nach Fusion

Umlaufvermögen		Kurzfristiges Fremdkapital	
Liquide Mittel	65	Verbindlichkeiten aus L+L	354
Forderungen aus L+L	470	Passive Rechnungsabgrenzung	40
Wertschriften	20		
Rohstoffe	480	**Langfristiges Fremdkapital**	
Halb- und Fertigfabrikate	410	Darlehen	290
		Hypotheken	1 000
Anlagevermögen			
Maschinen	290	**Eigenkapital**	
Mobilien	1 010	Aktienkapital	1 468
Immobilien	1 910	Partizipationskapital	400
		Gesetzliche Kapitalreserve	117
		Gesetzliche Gewinnreserve	756
		Freiwillige Gewinnreserven	300
		Gewinnvortrag	10
		Eigene Aktien	– 80
	4 655		**4 655**

G

			Pi-Aktien	Omikron-Aktien
1		Total Pi-Aktien	12 000	
	–	Vernichtete Pi-Aktien	300	
		Abzufindende Pi-Aktien	11 700 ⟶	4 680
	–	Omikron-Aktien bei Pi AG		500
	=	Total Omikron-Abfindungsaktien		4 180
2		Buchwert Reinvermögen der Pi AG	811	
	–	Aktienkapitalerhöhung der Omikron AG	418	
		Fusionsagio	393	
3	2	Fusion mit P	/ Aktienkapital	418
	3	Fusion mit P	/ Agio	393
	4	Diverse Aktiven	/ Fusion mit P	1 495
		Fusion mit P	/ Diverses Fremdkapital	684
		Agio	/ Beteiligungen	80
		Agio	/ Gesetzliche Kapitalreserve	167 [1]
		Agio	/ Gesetzliche Gewinnreserve	146 [2]

[1] Stammt aus dem steuerbefreiten Aktienkapital von Pi: AK von Pi 585 – AK-Erhöhung bei O 418 = <u>167</u>. Andere mögliche Berechnung: 393 – 80 – 146 (siehe Fussnote 2).

[2] Entspricht den steuerbaren Gewinnreserven (171 + 52) und dem steuerbaren Gewinnvortrag (3) von Pi minus Beteiligung bei Pi 80 = <u>146</u>.

5.13 Absorption einer Tochtergesellschaft (Beteiligung = 100 %)

A Die Muttergesellschaft muss die Reserve für eigene Aktien bilden, wenn eine von ihr mehrheitlich beherrschte Tochter Aktien der Muttergesellschaft erwirbt (OR 659b).

B 1

		2	Fusion mit Moll
Fusion mit Moll	/ Beteiligungen	270	
Liquide Mittel	/ Fusion mit Moll		35
Forderungen aus L+L	/ Fusion mit Moll		100
Darlehen von Moll	/ Fusion mit Moll		50
Mobilien	/ Fusion mit Moll		120
Eigene Aktien	/ Fusion mit Moll		30
Fusion mit Moll	/ Verbindlichkeiten aus L+L	90	
Fusion mit Moll	/ Bank	20	
Freiwillige Gewinnreserven	/ Fusion mit Moll		45
		380	380

C

Bilanz der Dur AG nach Fusion

Umlaufvermögen		Kurzfristiges Fremdkapital	
Liquide Mittel	83	Verbindlichkeiten aus L+L	220
Wertschriften	40	Bank	170
Forderungen aus L+L	340		
		Eigenkapital	
Anlagevermögen		Aktienkapital	300
Beteiligungen	60	Gesetzliche Gewinnreserve	95
Mobilien	310	Freiwillige Gewinnreserven	48
		Reserve für eigene Aktien[1]	30
		Eigene Aktien	– 30
	833		833

D   • Sofort als (ausserordentlichen) Aufwand erfassen.
  • Auf dem Konto Goodwill aktivieren und über fünf Jahre abschreiben.

Die erfolgswirksame Verbuchung wird steuerlich nur anerkannt, wenn der Buchwert der Beteiligung grösser ist als der tatsächliche Unternehmenswert (= Echter Verlust); DBG 61 Abs. 5. Abschreibungen auf dem aktivierten Goodwill werden steuerlich nicht anerkannt und deshalb aufgerechnet.

[1]   Die Reserve für eigene Aktien kann jetzt aufgelöst werden, da die eigenen Aktien von der Dur AG gehalten werden.
Buchung: Reserve für eigene Aktien   / Freiwillige Gewinnreserven   30

E 1

		2 Fusion mit Moll	
Fusion mit Moll	/ Beteiligungen	200	
Liquide Mittel	/ Fusion mit Moll		35
Forderungen aus L+L	/ Fusion mit Moll		100
Darlehen von Moll	/ Fusion mit Moll		50
Mobilien	/ Fusion mit Moll		120
Eigene Aktien	/ Fusion mit Moll		30
Fusion mit Moll	/ Verbindlichkeiten aus L+L	90	
Fusion mit Moll	/ Bank	20	
Fusion mit Moll	/ Ausserordentlicher Ertrag oder Reserven[①]	25	
		335	335

5.14 Fusion mit Minderheitsbeteiligung der übernehmenden Gesellschaft an der übertragenden Gesellschaft

A **B**

Nr.	Buchungen		Betrag	Bewertungs-differenzen		Fusion mit S	
1	Aktienkapital	Fusion mit S	200				200
	Fusion mit S	Verlustvortrag	15			15	
	Fusion mit S	Eigene Aktien	6			6	
	Fusion mit S	Nicht einbezahltes AK	60			60	
2	WB Wertschriften	Bewertungsdifferenzen	2		2		
3	Bewertungsdifferenzen	Akt. Rechnungsabgrenzung	2	2			
4	Vorräte	Bewertungsdifferenzen	33		33		
5	Forderungen aus L+L	Maschinen	8				
	WB Maschinen	Maschinen	14				
	WB Maschinen	Bewertungsdifferenzen	2		2		
6	Rückstellung	Bewertungsdifferenzen	20		20		
7	Bewertungsdifferenzen	Verbindlich. aus L+L EUR	3	3			
8	Fällige Obligationenzinsen	Bewertungsdifferenzen	1		1		
9	Bewertungsdifferenzen	Fusion mit S	53	53			53
				58	58	81	253
	Saldo					172	
				58	58	253	253

[①] Die erfolgsunwirksame Verbuchung auf ein Reservenkonto wird steuerlich nicht anerkannt (DBG 61 Abs. 5), weil der Überschuss von 25 steuerbaren Gewinn darstellt, auf dem allerdings der Beteiligungsabzug gewährt wird.

C Für 10 Oldani-Aktien $\longrightarrow$ 1 Starck-Aktie
Für 1 240 [1] Oldani-Aktien $\longrightarrow$ 124 Starck-Aktien

D Anteilmässiges Reinvermögen für die Kapitalerhöhung und für die Beteiligung:

	Oldani-Aktien		Anteil am Reinvermögen der Oldani AG
	Anzahl	in %	
Kapitalerhöhung	1 240	65,3 %	112 253.–
Beteiligung	660	34,7 %	59 747.–
Total	1 900	100 %	172 000.–

Fusionsagio auf der Aktienkapitalerhöhung bei der Starck AG:

Anteilmässiges Reinvermögen der Oldani AG		112 253.–
– Aktienkapitalerhöhung der Stark AG 124 · 500.–	62 000.–	
– Barauszahlung an Oldani-Aktionäre 124 · 50.–	6 200.–	68 200.–
Fusionsagio (= Emissionsagio der Kapitalerhöhung)		44 053.–

Buchgewinn auf der Beteiligung bei der Stark AG:

Anteilmässiges Reinvermögen der Oldani AG	59 747.–
– Buchwert der Beteiligung 660 · 70.–	46 200.–
Buchgewinn auf Beteiligung	13 547.–

(Dieser Buchgewinn wird gemäss DBG 61 Abs. 3 besteuert. Es ist daher steuerlich nicht sinnvoll, das zu übernehmende Unternehmen vor der Fusion aufzuwerten.)

F Fusion mit Oldani

E

				Soll	Haben
1	Fusion mit Oldani	/ Aktienkapital		62 000	
2	Fusion mit Oldani	/ Liquide Mittel		6 200	
3	Fusion mit Oldani	/ Gesetzliche Kapitalreserve [2]		44 053	
4	Fusion mit Oldani	/ Beteiligung		46 200	
5	Fusion mit Oldani	/ Ausserordentlicher Ertrag [3]		13 547	
6	Übriges Umlaufvermögen	/ Fusion mit Oldani			475 000
7	Übriges Anlagevermögen	/ Fusion mit Oldani			24 000
8	Fusion mit Oldani	/ Diverses Fremdkapital		327 000	
				499 000	499 000

[1] Aktienzahl Oldani AG laut Bilanz 2 000 Stück
– vernichtete eigene Aktien 100 Stück
– im Besitz der Starck AG 660 Stück
= abzugelten (bei Dritten) 1 240 Stück

[2] Das ganze Agio stammt aus dem Aktienkapital der Oldani AG und ist darum steuerbefreit.

[3] Die erfolgsunwirksame Verbuchung auf ein Reservekonto wird steuerlich nicht anerkannt (DBG 61 Abs. 5), weil der Überschuss von 13 547 steuerbaren Gewinn darstellt, auf dem allerdings der Beteiligungsabzug gewährt wird.

5.15 Kombination

A

	Rho AG	Tau AG
Aktienkapital	300 000.–	120 000.–
+ Reserven	100 000.–	40 000.–
Eigenkapital	400 000.–	160 000.–
Aktienzahl	400	400
Bilanzwert je Aktie	1 000.–	400.–

B

2 Rho-Aktien	⟶	5 Sigma-Aktien
400 Rho-Aktien	⟶	1 000 Sigma-Aktien
1 Tau-Aktie	⟶	1 Sigma-Aktie
400 Tau-Aktien	⟶	400 Sigma-Aktien
Total Abfindungsaktien		1 400 Sigma-Aktien

Aktienkapital = 1400 Aktien zu 300.– nom. = 420 000.–

C

Reinvermögen der Rho AG	400
+ Reinvermögen der Tau AG	160
– Aktienkapital der Sigma AG	420
Fusionsagio	140

D Rho AG

1	Aktienkapital	/ Fusion mit S	300
	Gesetzliche Kapitalreserve	/ Fusion mit S	32
	Gesetzliche Gewinnreserve	/ Fusion mit S	68

Tau AG

1	Aktienkapital	/ Fusion mit S	120
	Gesetzliche Gewinnreserve	/ Fusion mit S	40

Sigma AG

1	Fusion mit R	/ Aktienkapital	300
	Fusion mit T	/ Aktienkapital	120
	Fusion mit R	/ Gesetzliche Kapitalreserve	32
	Fusion mit R	/ Gesetzliche Gewinnreserve	68
	Fusion mit T	/ Gesetzliche Gewinnreserve	40

E

2	Liquide Mittel	/ Aktienkapital	105
	Liquide Mittel	/ Gesetzliche Kapitalreserve	21

F 3

Diverse Aktiven	/ Fusion mit R	422
Fusion mit R	/ Verbindlichkeiten aus L+L	22
Diverse Aktiven	/ Fusion mit T	271
Fusion mit T	/ Diverses Fremdkapital	111
Darlehen von Rho AG	/ Darlehen an Tau AG	10

G

Gründungsbilanz der Sigma AG

Umlaufvermögen			**Kurzfristiges Fremdkapital**	
Liquide Mittel	182		Verbindlichkeiten aus L+L	68
Forderungen aus L+L	173		Passive Rechnungsabgrenzung	2
Vorräte	272			
			Langfristiges Fremdkapital	
Anlagevermögen			Hypotheken	53
Einrichtungen	42			
Immobilien	140		**Eigenkapital**	
			Aktienkapital	525
			Gesetzliche Kapitalreserve	53
			Gesetzliche Gewinnreserve	108
	809			809

5.16 Quasi-Fusion
Ordentliche und genehmigte Aktienkapitalerhöhung

A 1 $\dfrac{1000 \text{ Lamm-Aktien} \cdot 1}{4}$ = <u>250 Aktien</u>

  2 250 Stück · 1000.– nom. = <u>250 000.–</u>

B 1

Gegenwert	1000 Lamm-Aktien	400 000.–
– Nennwert	250 Wolf-Aktien	250 000.–
Agio für	250 Wolf-Aktien	150 000.–
Agio für	1 Wolf-Aktie	600.–

  2

Aktionäre	/ Aktienkapital	250 000.–	(250 [W] · 1000.–)
Aktionäre	/ Gesetzliche Kapitalreserve	150 000.–	(250 [W] · 600.–)
Beteiligung	/ Aktionäre	400 000.–	(1000 [L] · 400.–)

C Der Aktientausch erfolgt zwischen der übernehmenden Gesellschaft und den **Aktionären** der übernommenen Gesellschaft, hier also zwischen der Wolf AG und den Aktionären der Lamm AG.

  Die Lamm AG besteht weiter als rechtlich selbstständige Tochtergesellschaft.

D 1

Aktionäre	/ Aktienkapital	250 000.–	(250 [W] · 1000.–)
Aktionäre	/ Gesetzliche Kapitalreserve	144 000.–	(240 [W] · 600.–)
Beteiligungen	/ Aktionäre	384 000.–	(960 [L] · 400.–)

  2

Aktionäre	
250 000	384 000
144 000	10 000 SB
394 000	394 000

  3 Die für den Umtausch nicht benötigten 10 Wolf-Aktien zum Nominalwert von 1000.– je Stück.

  4 Sie werden weiterverkauft oder als eigene Aktien gehalten.

E 1 Keine Buchung

  2

Beteiligung	/ Aktienkapital	240 000.–	(240 [W] · 1000.–)
Beteiligung	/ Gesetzliche Kapitalreserve	144 000.–	(240 [W] · 600.–)

5.17 Quasi-Fusion
Wandelobligationen, Bedingte Aktienkapitalerhöhung

A

		Jota AG (vor Übernahme)		Kappa AG	
		Ausrechnung	Ergebnis	Ausrechnung	Ergebnis
1	Buchwert	$\dfrac{2\,950\,000}{1000}$	2950.–	$\dfrac{336\,000}{240}$	1400.–
2	Substanzwert	$\dfrac{2\,950\,000 + 210\,000}{1000}$	3160.–	$\dfrac{336\,000 + 14\,000}{240}$	1458.33
3	Innerer Wert	$\dfrac{2\,950\,000 + 210\,000 + 40\,000}{1000}$	3200.–	$\dfrac{336\,000 + 14\,000 + 58\,000}{240}$	1700.–

B

| Für | 2 Kappa-Aktien | $\longrightarrow$ | 1 Wandelobligation |
| Für 240 Kappa-Aktien | | $\longrightarrow$ | 120 Wandelobligationen |

C

1 Wandelobligation zu CHF 3300.– gegen 1 Aktie zu CHF 2000.–
120 Wandelobligationen zu CHF 3300.– gegen 120 Aktien zu CHF 2000.– = 240 000.–

D

1	Keine Buchung		
2	Beteiligung	/ Wandelanleihe	396 000.–
	Beteiligung	/ Liquide Mittel	12 000.–
3	Wandelanleihe	/ Aktienkapital	240 000.–
	Wandelanleihe	/ Gesetzliche Kapitalreserve	156 000.–

E   Keine Buchungen, da Quasi-Fusion

5.18 Quasi-Fusion
Ordentliche Aktienkapitalerhöhung

A

	Anton AG		Franz AG
Austauschverhältnis	6	:	5
Stückzahl	6 000	:	5 000

1. Tranche : 6 000 zu 500.– = 3 Mio.

B

1	Aktionäre	/ Aktienkapital	10 Mio.
2	Bank	/ Aktionäre	3 Mio.

C

	vor AK-Erhöhung		AK-Erhöhung
Bezugsverhältnis	5	:	1
Anzahl Aktien	60 000	:	12 000
Bestand/Veränderung	30 Mio.	:	6 Mio. = 2. Tranche

D

Alter Börsenkurs	1750.–
Neuer Börsenkurs	1600.–
Wert Bezugsrecht	150.–

E

$$E = A - B \cdot \left(\frac{a}{n} + 1\right) = 1750.- - 150 \cdot \left(\frac{5}{1} + 1\right) = \underline{850.-}$$

F

3	Bank	/ Aktionäre	6	Mio. (12 000 St. · 500.–)
	Bank	/ Reserven [1]	4,2	Mio. (12 000 St. · 350.–)
4	Keine Buchung, betrifft Industriebank			

G

Aktienkapitalerhöhung	10	Mio.
1. Tranche	3	Mio.
2. Tranche	6	Mio.
Übernahme durch Stiftung	1	Mio.

H

5	Bank	/ Aktionäre	1	Mio. (2 000 St. · 500.–)
	Bank	/ Reserven [1]	0,7	Mio. (2 000 St. · 350.–)
6	Reserven [1]	/ Bank	0,282	Mio.

I

$$\frac{4675 \cdot 6}{5} = \underline{5610 \text{ Anton-Aktien}}$$

[1] = Gesetzliche Kapitalreserve

K 1 Anton AG

7	Beteiligung	/ Bank	2,805	Mio. (Nennwert)
	Beteiligung	/ Reserven [1]	5,1425	Mio. (Agio)

Erläuterung:

Total Emissionserlös F-Aktien	(4 675 St. · 1 700.–)	7,9475 Mio.
– Nennwert A-Abfindungsaktien	(5 610 St. · 500.–)	2,805 Mio.
Agio		5,1425 Mio.

2 Franz AG

7 Keine Buchungen, da Quasi-Fusion!

L

		Anton AG	Franz AG
1	Substanzwert	82 Mio.	10 Mio.
2	Unternehmenswert	96 Mio. [2]	10 Mio. [3]
	Innerer Wert je Aktie	1600.–	2 000.–

M

	Umtauschverhältnis	5	:	4

N

1	Beteiligungseingang:	4 675 Franz-Aktien	zu 1 700.–	=	7,9475 Mio.
	Entschädigung:	5 610 Anton-Aktien	zu 1 600.–	=	8,9760 Mio.
	Beteiligungsverlust			=	1,0285 Mio.
2	Beteiligungseingang:	4 675 Franz-Aktien	zu 2 000.–	=	9,350 Mio.
	Entschädigung:	5 610 Anton-Aktien	zu 1 600.–	=	8,976 Mio.
	Beteiligungsgewinn			=	0,374 Mio.

[1] = Gesetzliche Kapitalreserve

[2] $\dfrac{(2 \cdot 103) + 82}{3} = \underline{96}$

[3] $\dfrac{(2 \cdot 10) + 10}{3} = \underline{10}$

5.19 Quasi-Fusion
Genehmigte Aktienkapitalerhöhung

A   Umtauschverhältnis 4 : 1
250 Aktien zu 1 000.– = 250 000.–

B

4 Colla-Aktien zu 350.–	1 400.–	(Buchwert)
– 1 Insone-Aktie zu nom. 1 000.–	1 000.–	
Agio je Insone-Abfindungsaktie	400.–	

C

1	Beteiligung	/ Aktienkapital	225 000.–	(225 · 1 000.– nom.)
	Beteiligung	/ Gesetzliche Kapitalreserve	90 000.–	(225 · 400.– Agio)
2	Keine Buchung			

D   **Bilanz der Insone SA**

Übrige Aktiven	1 200 000	
Beteiligung	315 000	
Diverses Fremdkapital		430 000
Aktienkapital		825 000
Gesetzliche Kapitalreserve		90 000
Gesetzliche Gewinnreserve		70 000
Freiwillige Gewinneserven		100 000
	1 515 000	1 515 000

E   Das genehmigte Kapital ist um CHF 225 000.– herabzusetzen.

F

Innerer Wert einer Insone-Aktie vor der Fusion	1 700.–
Innerer Wert einer Insone-Aktie nach der Fusion (1 380 000.–[1] / 825)	1 672.75
Fusionsverlust	27.25

[1]

Innerer Wert der Insone-Aktien vor Fusion (600 · 1 700.–)	1 020 000.–
+ Innerer Wert der getauschten Colla-Aktien (900 · 400.–)	360 000.–
(= Beteiligung zum Inneren Wert)	
Innerer Wert der Insone-Aktien total	1 380 000.–

5.20 Arten von Unternehmenszusammenschlüssen

Absorption, Quasi-Fusion, Akquisition (= Kauf)

	A Absorption	B Quasi-Fusion	C Akquisition
Flüssige Mittel	180 000	120 000	10 000
Übriges Vermögen	520 000	380 000	380 000
Beteiligung	–	90 000	110 000
	700 000	590 000	500 000
Fremdkapital	410 000	300 000	300 000
Aktienkapital	240 000	240 000	160 000
Ges. Kapitalreserve	34 000	34 000	25 000
Ges. Gewinnreserve	11 000	11 000	10 000
Freiw. Gewinnreserven	5 000	5 000	5 000
	700 000	590 000	500 000

Erläuterungen

Substanzwerte

AAG-Aktie	200 000.– / 8 000	=	25.–
BAG-Aktie	90 000.– / 400	=	225.–

Für die Absorption oder Quasi-Fusion:

Anzahl AAG-Abfindungsaktien	400	: 1 · 10	=	4 000
Aktienkapitalerhöhung	4 000	· 20.– nom.	=	80 000.–

Buchwert Reinvermögen der BAG	90 000.–
– Aktienkapitalerhöhung der AAG	80 000.–
Fusionsagio	10 000.–

D Bezahlter Goodwill bei der Akquisition:

Kaufpreis (Erwerbspreis)	110 000.–
– Substanzwert der BAG	90 000.–
Goodwill	20 000.–

E

	Konzernbilanz
Flüssige Mittel	70 000
Übriges Vermögen	520 000
Beteiligung	–
Goodwill	20 000
	610 000
Fremdkapital	410 000
Aktienkapital	160 000
Reserven	40 000
	610 000

6   Sanierung und Kapitalherabsetzung

6.1   Liquidität

A   Liquiditätsgrad 1 = $\dfrac{\text{Liquide Mittel} \cdot 100}{\text{kurzfristiges Fremdkapital}}$ $= \underline{\underline{\quad 5,4\,\%}}$

Liquiditätsgrad 2 = $\dfrac{(\text{Liquide Mittel} + \text{Forderungen}) \cdot 100}{\text{kurzfristiges Fremdkapital}}$ $= \underline{\underline{100\quad\%}}$

Liquiditätsgrad 3 = $\dfrac{\text{Umlaufvermögen} \cdot 100}{\text{kurzfristiges Fremdkapital}}$ $= \underline{\underline{171,4\,\%}}$

B   Der Richtwert für den 2. Grad wird üblicherweise mit 100 % angegeben; hier ist er erfüllt. Der 1. und 3. Grad sind von der Branche abhängig. Hier kann keine definitive Aussage gemacht werden. Solche Richtwerte sind immer mit Vorsicht zu geniessen.

6.2   Ursachen der Sanierung

A   Ungenügende Liquidität: **B**   Liquiditätsgrad 1 $=\quad 5\,\%$
Liquiditätsgrad 2 $=\quad 40\,\%$
Liquiditätsgrad 3 $=\quad 90\,\%$

Unterbilanz: Keine Überschuldung und ohne gesetzliche Folgen

Ungenügende Rentabilität: EK-Rendite $= \dfrac{100 \cdot \text{G}}{\varnothing\,\text{EK}} = \dfrac{100 \cdot 10}{225} = 4,44\,\%$

Schlechtes Finanzierungsverhältnis: FK : EK $\longrightarrow$ 1800 : 230 $\longrightarrow$ 7,8 : 1

6.3   Unterbilanz und Überschuldung

A   1; a > FK   (1050 > 660)

B   1; Reserven > Verlustvortrag   (390 > 300)

C   2; a > FK + $\dfrac{\text{Aktienkapital} + \text{Gesetzliche Reserven}}{2}$ $(1050 > 660 + \dfrac{300 + 160}{2})$

6.4 Überschuldung

A

Diverse Aktiven [1]	oder	Verlustvortrag
– Fremdkapital		– Übriges Eigenkapital [2]
Überschuldung, falls Differenz < 0		Überschuldung, falls Differenz > 0

B
a) ja; 100
b) nein
c) nein
d) ja; 100

6.5 Sanierung durch Veränderung des Fremd- und Eigenkapitals

A

Bilanz nach Sanierung			
Umlaufvermögen	200	Kurzfristiges Fremdkapital	200
Anlagevermögen	4 500	Darlehen	100
		Stammaktienkapital	1 800
		Prioritätsaktienkapital	2 600
	4 700		4 700

B Nein, weil das Aktienkapital nur um den Verlustvortrag herabgesetzt wird.

[1] = Vorhandenes Vermögen
[2] = ∑ EK-Positionen ohne Verlustvortrag oder Bilanzverlust

6.6 Aufwertung von Aktiven

A 1 a Beteiligungen / Aufwertungsreserve 100 [1]

    b Immobilien / Aufwertungsreserve 250

B

Bilanz nach Aufwertung

Umlaufvermögen		Kurzfristiges Fremdkapital	
Liquide Mittel	50	Verbindlichkeiten aus L+L	70
Forderungen aus L+L	90	**Langfristiges Fremdkapital**	
Vorräte	300	Darlehen	370
		Hypotheken	500
Anlagevermögen			
Beteiligungen	200	**Eigenkapital**	
Immobilien	850	Aktienkapital	500
		Aufwertungsreserve	350
		Verlustvortrag	− 300
	1 490		1 490

C 2 a Aufwertungsreserve / Aktienkapital 300 [2]

    b Aktienkapital / Verlustvortrag 300

   3 a Liquide Mittel / Beteiligungen 160

    b Aufwertungsreserve / Beteiligungen 50

    c Beteiligungen / Gewinn aus Verkauf von Beteiligungen 110 [3]

[1] Alle Beteiligungen:
Anfangsbestand (Ist) 100
Schlussbestand (Soll) 200 (⅔ von 300)

Aufwertung 100 (Davon entfallen 50 auf die später verkauften und 50 auf die nicht verkauften Beteiligungen.)

[2] Dieser Betrag unterliegt der Emissionsabgabe und der Verrechnungssteuer. (Bei der VST ist das Meldeverfahren möglich.)

[3] Kontenführung für die verkaufte Beteiligung:

	Beteiligung		Aufwertungsreserve	
Anfangsbestand	50			
Bildung Aufwertungsreserve	50			50
Verkauf Beteiligung		160		
Auflösung Aufwertungsreserve		50	50	
Verkaufsgewinn	110			
Schlussbestand		0	0	

6.7 Sanierung einer Schifffahrtsgesellschaft

A Das Grundkapital besteht aus Stamm- und Prioritätsaktienkapital.
Prioritätsaktien werden oft bei Sanierungen emittiert.
Die Stamm- und die Prioritätsaktien A wurden bereits auf CHF 1.– abgeschrieben.

B

1	Flüssige Mittel	/ Sanierung	1 508 425.–
2	Flüssige Mittel	/ Sanierung	1 250 000.–
	Sanierung	/ Darlehen	1 250 000.–
3	Prioritätsaktienkapital A	/ Sanierung	3 920.–
	Sanierung	/ Stammaktienkapital	3 920.–
4	Prioritätsaktienkapital B	/ Sanierung	600 000.–
5	Obligationenanleihe	/ Sanierung	1 000 000.–
	Nachrangige Obligationenanleihe	/ Sanierung	500 000.–
	Sanierung	/ Prioritätsaktienkapital B	1 500 000.–
6	Verbindlichkeiten aus L + L	/ Sanierung	478 628.–
7	Verbindlichkeiten aus L + L	/ Sanierung	75 000.–
	Sanierung	/ Flüssige Mittel	75 000.–
8 a	Sanierung	/ Verlustvortrag	508 425.–
b	Sanierung	/ Sanierungsrückstellung	478 628.–
c	Sanierung	/ Gesetzliche Kapitalreserve	1 600 000.–

C

A	Sanierung	E
	1 508 425	1
2 1 250 000	1 250 000	2
3 3 920	3 920	3
	600 000	4
	1 000 000	5
5 1 500 000	500 000	5
	478 628	6
7 75 000	75 000	7
8a 508 425		
8b 478 628		
8c 1 600 000		
5 415 973	**5 415 973**	

D **Bilanz nach Sanierung**

Umlaufvermögen			Kurzfristiges Fremdkapital	
Flüssige Mittel		3 292 355	Verbindlichkeiten aus L + L	358 643
Forderungen aus L + L		100 508	Verbindlichkeiten gegenüber VE	200 000
Materialvorräte		520 230	Sanierungsrückstellung	478 628
			Langfristiges Fremdkapital	
Anlagevermögen			Darlehen	1 250 000
Anlagen	6 296 953		Hypotheken	1 018 000
WB Anlagen	−2 294 479	4 002 474	Eigenkapital	
			Aktienkapital	
			• Stamm-AK	10 296
			• Prioritäts-AK B	3 000 000
			Gesetzliche Kapitalreserve	1 600 000
		7 915 567		7 915 567

E Echte Sanierungsgewinne = Forderungsverzichte von Gläubigern (= Schuldenerlass);
also Fall 6
Unechte Sanierungsgewinne = Herabsetzung des Grundkapitals und Zuschüsse von
Aktionären; also Fälle 4 und 1

F Falls die Sanierungsrückstellung steuerlich anerkannt wird, kann der ganze Verlustvortrag
von 508 425.− steuerlich geltend gemacht werden.

6.8 Sanierung einer Bank

A	1	Beteiligungen	/ Flüssige Mittel	100
		Sanierungskonto	/ Beteiligungen	100
	2 a	Transferbeschränkte Auslandguthaben	/ Forderungen gegenüber Banken	894
	b	Transferbeschränkte Auslandguthaben	/ Forderungen gegenüber Kunden	23 496
	c	Transferbeschränkte Auslandguthaben	/ Hypothekarforderungen	9 410
	d	Sanierungskonto	/ Transferbeschr. Auslandguthaben	27 500
	e	KK Auffanggesellschaft	/ Transferbeschr. Auslandguthaben	6 300
	3	Sanierungskonto	/ Forderungen gegenüber Kunden	3 012
	4	Gesetzliche Kapitalreserve	/ Sanierungskonto	2 500
	5	Übrige Verpflichtungen g. Kunden	/ Forderungen gegenüber Kunden	1 347
	6	Kassenobligationen	/ Forderungen gegenüber Kunden	14 191
		Passive Rechnungsabgrenzung	/ Forderungen gegenüber Kunden	83
	7	Spareinlagen	/ Nicht privilegierte Gläubiger	16 733
		Übrige Verpflichtungen g. Kunden	/ Nicht privilegierte Gläubiger	8 368
		Kassenobligationen	/ Nicht privilegierte Gläubiger	17 301
		Passive Rechnungsabgrenzung	/ Nicht privilegierte Gläubiger	112
	8 a	Nicht privilegierte Gläubiger	/ Flüssige Mittel	514
	b	Nicht privilegierte Gläubiger	/ Übrige Verpflichtungen g. Kunden	8 400
	c	Nicht privilegierte Gläubiger	/ Stammaktienkapital	6 300
	d	Nicht privilegierte Gläubiger	/ KK Auffanggesellschaft	6 300
	e	Nicht privilegierte Gläubiger	/ Sanierungskonto	21 000
	9 a	Aktienkapital	/ Sanierungskonto	12 000
		Flüssige Mittel	/ Prioritätsaktienkapital	1 000
	b	Bereits gebucht bei 8c		
	10 a	Sanierungskonto	/ Forderungen gegenüber Kunden	817
	b	Sanierungskonto	/ Beteiligungen (200 Aktien Orion)	200
	11	Flüssige Mittel	/ Sanierungskonto	520
	12	Sanierungskonto	/ Rückstellung	150
	13	Sanierungskonto	/ Gesetzliche Kapitalreserve	4 241 [1]

[1]	Unechte Sanierungserträge aus einbezahltem EK (Buchungen 4 und 9 a)		14 500
	Echte Sanierungserträge (Buchungen 8 e und 11)	21 520	
	Sanierungsaufwände (Buchungen 1, 2d, 3, 10 a, 10 b und 12)	−31 779	−10 529
			4 241

Transferbeschränkte Auslandguthaben			
2a	894	27 500	2d
2b	23 496	6 300	2e
2c	9 410		

Nicht privilegierte Gläubiger			
8a	514	16 733	7
8b	8 400	8 368	7
8c	6 300	17 301	7
8d	6 300	112	7
8e	21 000		

Sanierungskonto			
1	100	2 500	4
2d	27 500	21 000	8e
3	3 012	12 000	9a
10a	817	520	11
10b	200		
12	150		
S 13	4 241		

C

Bankbilanz nach Sanierung

Flüssige Mittel	2 083	Spareinlagen	35 166
Geldmarktpapiere	848	Übrige Verpfl. gegenüber Kunden	8 400
Forderungen gegenüber Banken	776	Rückstellung	150
Forderungen gegenüber Kunden	27 851	Stammaktienkapital	6 300
Hypothekarforderungen	12 316	Prioritätsaktienkapital	1 000
Finanzanlagen	7 000	Gesetzliche Kapitalreserve	4 241
Beteiligungen	2 363		
Sachanlagen	1 900		
Aktive Rechnungsabgrenzung	120		
	55 257		55 257

D

Bilanz der Auffanggesellschaft

Flüssige Mittel	(1a)	100	Obligationenanleihe	(8d)	6 300
Transferbeschränkte Auslandguthaben	(2e)	6 300	Aktienkapital	(1a)	100
		6 400			6 400

6.9 Sanierung durch verschiedene Massnahmen sowie Verlustverrechnung mit echten und unechten Sanierungserträgen

A

1	a	Bank	/ Sanierung	52	
		Aktienkapital	/ Prioritätsaktienkapital	130	
	b	Bank	/ Sanierung	38	
		Aktienkapital	/ Stammaktienkapital	190	
	c	Aktienkapital	/ Sanierung	60	
		Aktienkapital	/ Stammaktienkapital	120	
2		Verbindlichkeiten aus L+L	/ Sanierung	45	
		Darlehen	/ Sanierung	100	
		Keine Buchung für Genussscheine[1]			
3	a	Sanierung	/ Maschinen	20	
	b	Sanierung	/ WB Fabrikgebäude	20	
	c	Sanierung	/ WB Forderungen aus L+L	10	
	d	Sanierung	/ WB Vorräte	32	
4		Sanierung	/ Bank	10	
5	a	Sanierung	/ Verlustvortrag	120	
	b	Sanierung	/ Sanierungsrückstellung	40	
	c	Sanierung	/ Gesetzliche Kapitalreserve	30[2]	
	d	Sanierung	/ Gesetzliche Gewinnreserve	13[3]	

2 A   Sanierung   E

A	E
20	52
20	38
10	60
32	45
10	100
120	
40	
30	
13	
295	**295**

B Unechte Sanierungserträge: 1a ⟶ 52, 1b ⟶ 38, 1c ⟶ 60 = Total 150

Echte Sanierungserträge: 2 ⟶ 45, 2 ⟶ 100 = Total 145

[1] Gemäss OR 657/1 sind die Genussscheine mit Anzahl und den damit verbundenen Rechten in den Statuten aufzuführen. Aus Gründen der Vollständigkeit sollten die Genussscheine in der Bilanz als Pro memoria-Posten oder im Anhang aufgeführt werden.

[2] Unechte Sanierungserträge aus einbezahltem EK 150 (Vergleiche **B**) – Verlustvortrag 120 = <u>30</u>

[3] Echte Sanierungserträge (Vergleiche **B**) 145

Sanierungsaufwände (Buchungen 3 a–d, 4 und 5 b) – 132

Echter Sanierungsgewinn <u>13</u>

C	1	a	Bank	/ Sanierung	52
			Aktienkapital	/ Prioritätsaktienkapital	130
		b	Bank	/ Sanierung	38
			Aktienkapital	/ Stammaktienkapital	190
		c	Aktienkapital	/ Sanierung	60
			Aktienkapital	/ Stammaktienkapital	120
	2		Verbindlichkeiten aus L+L	/ A. o. Ertrag	45
			Darlehen	/ A. o. Ertrag	100
	3	a	A. o. Abschreibung	/ Maschinen	20
		b	A. o. Abschreibung	/ WB Fabrikgebäude	20
		c	A. o. Abschreibung	/ WB Forderungen aus L+L	10
		d	A. o. Abschreibung	/ WB Vorräte	32
	4		A. o. Aufwand	/ Bank	10
	5	a	Sanierung	/ Verlustvortrag	120
		b	A. o. Aufwand	/ Sanierungsrückstellung	40
		c	Sanierung	/ Gesetzliche Kapitalreserve	30

D 1

	Total Verlustvortrag	120	
	Echte Sanierungserträge	145	
–	Sanierungsaufwände	<u>132</u>	– 13 = echter Sanierungsgewinn
	Noch verrechenbarer Verlustvortrag	<u>107</u>	

2 Verrechenbarer Verlustvortrag = <u>120</u>

Da der echte Sanierungsgewinn von 13 den Erfolg des laufenden Jahres beeinflusst, nicht jedoch den Verlustvortrag, kann der ganze Verlustvortrag von 120 geltend gemacht werden.

6.10 Sanierung mit Eigenkapitalmassnahmen und Optimierung der Kapitalreserve

A

1		Aktienkapital	/ Sanierung	100
2		Bank	/ Sanierung	50
3	a	Gesetzliche Gewinnreserve	/ Sanierung	90
	b	Sanierung	/ Verlustvortrag	170
	c	Sanierung	/ Gesetzliche Kapitalreserve	70

B

1		Aktienkapital	/ Gesetzliche Kapitalreserve	100
2		Bank	/ Gesetzliche Kapitalreserve	50
3	a	Gesetzliche Gewinnreserve	/ Verlustvortrag	90
	b	Gesetzliche Kapitalreserve	/ Verlustvortrag	80

C

bei **A**		bei **B**	
AB	30	AB	30
3c	70	1	100
		2	50
		3b	– 80
SB	100	SB	100

D Ja, weil der Verlust von 170 vollständig mit unechten Sanierungserträgen bzw. Eigenkapital-massnahmen beseitigt wurde.

6.11 Sanierung mit gerichtlichem Nachlassvertrag

A Vermögens- und Schuldenübersicht

Vermögen	Total	Gebunden	Frei
Kasse	3 980		3 980
Warenvorrat	57 490	12 000 9 000	36 490
Geschirr und Wäsche	32 470		32 470
Mobilien	18 540		18 540
Wertschriften	6 500	4 100	2 400
	118 980	25 100	93 880

Schulden	Total	Speziell gesichert	Privilegiert: Klassen 1 und 2	Nicht privilegiert: Klasse 3
Lieferanten	205 500			205 500
Bank	4 100	4 100		
Darlehen von Küpfer	15 000	12 000		3 000
Mietzins	9 000	9 000		
Löhne	4 210		4 210	
Darlehen von M. Keller	5 000			5 000
	242 810	25 100	4 210	213 500

B Nachlassdividende

Forderungen der Kurrentgläubiger (= Gläubiger 3. Klasse)	213 500.–	= 100 %
Freies Vermögen	93 880.–	
– Privilegierte Forderungen	4 210.– 89 670.–	= 42 %
Nicht gedeckte Forderungen 3. Klasse	123 830.–	= 58 %

Nachlassdividende für Drittklassgläubiger = 42 %

Schuldennachlass der Drittklassgläubiger = 58 %

C

Nr.		Soll	Haben	Betrag
1		Nachlasskonto	/ Verlustvortrag	77 900.–
2		Wertschriften	/ Eigenkapital	6 500.–
3		Eigenkapital	/ Darlehen von M. Keller	5 000.–
4	a	Nachlasskonto	/ Warenvorrat	19 500.–
	b	Nachlasskonto	/ Geschirr und Wäsche	6 000.–
	c	Nachlasskonto	/ Mobilien	5 000.–
5	a	Kasse	/ Betriebsertrag	54 600.–
	b	Wareneinkauf	/ Verbindlichkeiten aus L+L	13 600.–
	c	Übriger Betriebsaufwand	/ Kasse	8 900.–
	d	Privat	/ Kasse	2 800.–
	e	Bank	/ Kasse	40 000.–
6		Bank	/ Darlehen von Lüthi	65 000.–
7		Verbindlichkeiten aus L+L	/ Nachlasskonto	119 190.– ①
		Darlehen von Küpfer	/ Nachlasskonto	1 740.– ②
		Darlehen von M. Keller	/ Nachlasskonto	2 900.– ③
8	a	Verbindlichkeiten aus L+L	/ Bank	86 310.– ④
	b	Übriger Betriebsaufwand	/ Bank	9 000.–
	c	Übriger Betriebsaufwand	/ Bank	4 210.–
9		Nachlasskonto	/ Rückstellung	2 000.–
10		Nachlasskonto	/ Eigenkapital	13 430.–

D

A	Nachlasskonto		E
1	77 900	119 190	7
4a	19 500	1 740	7
4b	6 000	2 900	7
4c	5 000		
9	2 000		
10	13 430		
	123 830	123 830	

① 58 % von 205 500.– = 119 190.–
② 58 % von 3 000.– = 1 740.–
③ 58 % von 5 000.– = 2 900.–
④ 42 % von 205 500.– = 86 310.–

E | Bilanz nach Sanierung und ordentlichem Geschäftsverkehr

Umlaufvermögen		Kurzfristiges Fremdkapital	
Kasse	6 880	Verbindlichkeiten aus L + L	13 600
Bank	1 480	Kurzfristige Rückstellung	2 000
Wertschriften	6 500		
Privat	2 800	Langfristiges Fremdkapital	
Warenvorrat	59 020	Darlehen von J. Küpfer	13 260
		Darlehen von M. Keller	2 100
Anlagevermögen		Darlehen von H. Lüthi	65 000
Geschirr und Wäsche	32 500		
Mobilien	20 600	Eigenkapital	
		Eigenkapital	14 930
		Ordentlicher Betriebsgewinn ①	18 890
	129 780		**129 780**

① Ergebnis der Buchungen 5a–c und 8b–c.

F

Aufwand im Jahr	5 % von 10 000.–	= 500.–
Einsparung im Jahr	2 % von 60 000.–	= 1 200.–
Nettoeinsparung je Jahr		= 700.–

oder

Skonto als Zins:

60 Tage = 2 %	
360 Tage = 12 %	
Nettoeinsparung je Jahr 7 % (12 % – 5 %) von 10 000.–	= 700.–

6.12 Sanierung und Unternehmenszusammenschluss

Mechanischen Werkstätte AG

A

1		Materialvorrat	/ Materialaufwand	110
2	a	Abschreibungen	/ Maschinen und Einrichtungen	373
	b	Abschreibungen	/ Fabrikgebäude	60
3		Finanzaufwand	/ KK Hans Huber	20
		KK Karl Huber	/ Finanzertrag	3
		KK Max Maurer	/ Finanzertrag	8
		KK Peter Maurer	/ Finanzertrag	5
4		Bilanzverlust	/ Jahresverlust	81
		Bilanzverlust	/ Verlustvortrag	612

B

KK Hans Huber

		280	AB
		20	4
SB	300		

KK Karl Huber

AB	43		
4	3		
		46	SB

KK Max Maurer

AB	72		
4	8		
		80	SB

KK Peter Maurer

AB	55		
4	5		
		60	SB

C

Schlussbilanz I der Mechanischen Werkstätte AG vom 31. Dezember

Umlaufvermögen		Kurzfristiges Fremdkapital	
Kasse, Post	33	Verbindlichkeiten aus L+L	1 676
Forderungen aus L+L	728	Bank	1 646
Aktionärs KK	186	Aktionärs KK	300
Materialvorrat	850		
Halb- und Fertigfabrikatevorrat	500	**Langfristiges Fremdkapital**	
		Hypotheken	1 800
Anlagevermögen			
Maschinen und Einrichtungen	1 492	**Eigenkapital**	
Fabrikgebäude	1 940	Aktienkapital	1 600
Nicht einbezahltes AK	600	Bilanzverlust	– 693
	6 329		6 329

Erfolgsrechnung der Mechanischen Werkstätte AG

Materialaufwand	6 397	Produktionserlös	10 147
Personalaufwand	1 593	Finanzertrag	19
Übriger Betriebsaufwand	1 555		
Abschreibungen	433		
Finanzaufwand	269	Jahresverlust	81
	10 247		10 247

D

5	KK Hans Huber	/ Nicht einbezahltes Aktienkapital	150
	KK Karl Huber	/ Nicht einbezahltes Aktienkapital	150
	KK Max Maurer	/ Nicht einbezahltes Aktienkapital	150
	KK Peter Maurer	/ Nicht einbezahltes Aktienkapital	150
6	Sanierungserfolg	/ Materialvorrat	85
	Sanierungserfolg	/ Halb- und Fertigfabrikatevorrat	50
7	Sanierungserfolg	/ Maschinen und Einrichtungen	92
8	Sanierungserfolg	/ WB Forderungen aus L+L	40
9	Sanierungserfolg	/ Rückstellung	80
10	Aktienkapital	/ Sanierungserfolg	800
11 a	Sanierungserfolg	/ Bilanzverlust	693
b	KK Hans Huber	/ Sanierungserfolg	60
	KK Karl Huber	/ Sanierungserfolg	60
	KK Max Maurer	/ Sanierungserfolg	60
	KK Peter Maurer	/ Sanierungserfolg	60

E

KK Hans Huber			
5	150	300	AB
11b	60	300	12
15c	200		
SB	190		

KK Karl Huber			
AB	46	300	12
5	150		
11b	60		
13	44		

KK Max Maurer			
AB	80	300	12
5	150		
11b	60		
13	10		

KK Peter Maurer			
AB	60	300	12
5	150		
11b	60		
13	30		

A	Sanierungserfolg		E
6	135	800	10
7	92	240	11b
8	40		
9	80		
11a	693		
	1 040	1 040	

F

12	Ford. gegenüber Maschinenbau AG	/ KK Hans Huber		300
	Ford. gegenüber Maschinenbau AG	/ KK Karl Huber		300
	Ford. gegenüber Maschinenbau AG	/ KK Max Maurer		300
	Ford. gegenüber Maschinenbau AG	/ KK Peter Maurer		300
13	KK Karl Huber	/ Ford. gegenüber Maschinenbau AG		44
	KK Max Maurer	/ Ford. gegenüber Maschinenbau AG		10
	KK Peter Maurer	/ Ford. gegenüber Maschinenbau AG		30
14	Bank	/ Aktienkapital		1 200
15 c	KK Hans Huber	/ Ford. gegenüber Maschinenbau AG		200

Maschinenbau AG

G

12	Beteiligungen	/ Schulden gegenüber Mech. Werkstätte AG	1 200
13	Schulden gegenüber Mech. Werkstätte AG	/ Bank	84
14	Beteiligungen	/ Bank	1 200
15 a	Aktionäre	/ Aktienkapital	4 000
b	Bank	/ Aktionäre	3 000
c	Schulden gegenüber Mech. Werkstätte AG	/ Aktionäre	200
d	Beteiligungen	/ Aktionäre	800
e	Beteiligungen	/ Bank	32

Aktionäre			
15a	4000	3000	15b
		200	15c
		800	15d

Beteiligungen			
AB	500		
12	1200		
14	1200		
15d	800		
15e	32	3732	SB

Bank			
15b	3000	540	AB
		84	13
		1200	14
		32	15e
		1144	SB

Schulden gegenüber Mech. Werkstätte AG			
13	84	1200	12
15c	200		
SB	916		

Aktienkapital			
		6000	AB
		4000	15a
SB	10000		

6.13 Sanierung und Kapitalrestrukturierung

A

Vermögen	1700	
– Fremdkapital	–1706	
Überschuldung	– 6	
oder		
Positives Eigenkapital	437	(AK + PS + alle Reserven)
– Negatives Eigenkapital	– 443	(Bilanzverlust)
Überschuldung	– 6	

115

B OR 670

Eine Aufwertungsreserve kann entstehen durch eine

- Tieferbewertung ☐
- Höherbewertung ☒

von

- Vorräten ☐
- Maschinen ☐
- Immobilien ☒
- Beteiligungen ☒
- Immateriellen Werten ☐

über den

- Nennwert ☐
- Anschaffungswert ☒
- Verkehrswert ☐

im Zusammenhang mit einer Unterbilanz

- ohne gesetzliche Folgen ☐
- mit gesetzlichen Folgen gemäss OR 725 ☒

C
1	a	Aktienkapital (Inhaber-AK)	/ Sanierung	63,0
	b	Aktienkapital (Namen-AK)	/ Sanierung	81,0
	c	Partizipationskapital	/ Sanierung	21,6

2 Keine Buchung
(Das [Inhaber-]Aktienkapital verändert sich durch den Aktiensplit nicht. Nur die Anzahl Aktien erhöht sich, während gleichzeitig der Nennwert je Aktie entsprechend gesenkt wird.)

3	a	Keine Buchung		
		oder		
		Aktienkapital (Namen-AK)	/ Aktienkapital (Inhaber-AK)	9,0
	b	Partizipationskapital	/ Aktienkapital (Inhaber-AK)	2,4
4	a	Aktionäre	/ Aktienkapital	172
		Aktionäre	/ Agio	258
	b	Bankverbindlichkeiten	/ Aktionäre	430
	c	Bankverbindlichkeiten	/ Ausserordentlicher Ertrag	30
	d	Keine Buchung (Betrifft nur die Bank)		
5		Keine Buchung		
6	a	Gesetzliche Gewinnreserve	/ Sanierung	63
		Agio	/ Sanierung	258
	b	Sanierung	/ Bilanzverlust	443
	c	Sanierung	/ Gesetzliche Kapitalreserve	43,6

D	7	Obligationenanleihen (4¾ % Anleihe)	/ Aktienkapital	64,0
		Obligationenanleihen (4¾ % Anleihe)	/ Gesetzliche Kapitalreserve	96,0
	8	Obligationenanleihen (5 % Wandelanleihe)	/ Aktienkapital	22,0
		Obligationenanleihen (5 % Wandelanleihe)	/ Gesetzliche Kapitalreserve	33,0

E	9	a	Anleihensaufwand	/ Fällige Zinsen	2,7
		b	Fällige Zinsen	/ VST-Schuld	1,0
	10	a	Anleihensaufwand	/ Fällige Zinsen	1,1 [1]
		b	Fällige Zinsen	/ VST-Schuld	0,4

6.14 Rückkauf eigener Aktien (unter pari) und sofortige Kapitalherabsetzung

A Gewinnverteilungsplan

Jahresgewinn	82 000.–
+ Gewinnvortrag 20_5	14 000.–
= Bilanzgewinn	96 000.–
– Reservezuweisung 20 % [2]	16 400.–
– 5 % Vorzugsdividende 20_6	40 000.–
– 2 % Vorzugsdividende 20_5 [3]	16 000.–
– 5 % Stammdividende	10 000.–
	13 600.–
– Tantieme	3 500.–
	10 100.–
– 1 % Vorzugsdividende	8 000.–
– 1 % Stammdividende	2 000.–
Gewinnvortrag 20_6	100.–

[1] Marchzins $= \dfrac{55 \text{ Mio.} \cdot 5 \cdot 144}{100 \cdot 360} = \underline{1,1 \text{ Mio.}}$

[2] Die zweite Zuweisung an die allgemeine gesetzliche Reserve bzw. an die gesetzliche Gewinnreserve ist bereits darin enthalten.

[3] Nachholdividende:
Im Jahr 20_5 wurden nur 3 % statt 5 % ausgeschüttet.
Die fehlenden 2 % werden nun im Jahr 20_6 nachgeholt.

B   1   Jahresgewinn   / Gewinnvortrag   82 000.–

			Soll	Haben	Betrag

<table>
<tr><td>**B**</td><td>1</td><td></td><td>Jahresgewinn</td><td>/ Gewinnvortrag</td><td>82 000.–</td></tr>
<tr><td></td><td></td><td>a</td><td>Gewinnvortrag</td><td>/ Gesetzliche Gewinnreserve</td><td>16 400.–</td></tr>
<tr><td></td><td></td><td>b</td><td>Gewinnvortrag</td><td>/ Vorzugsdividende</td><td>56 000.–</td></tr>
<tr><td></td><td></td><td></td><td>Gewinnvortrag</td><td>/ Stammdividende</td><td>10 000.–</td></tr>
<tr><td></td><td></td><td>c</td><td>Gewinnvortrag</td><td>/ Tantieme</td><td>3 500.–</td></tr>
<tr><td></td><td></td><td>d</td><td>Gewinnvortrag</td><td>/ Vorzugsdividende</td><td>8 000.–</td></tr>
<tr><td></td><td></td><td></td><td>Gewinnvortrag</td><td>/ Stammdividende</td><td>2 000.–</td></tr>
<tr><td></td><td></td><td>e</td><td>Keine Buchung</td><td></td><td></td></tr>
<tr><td></td><td>2</td><td></td><td>Vorzugsdividende</td><td>/ Bank</td><td>22 400.–</td></tr>
<tr><td></td><td></td><td></td><td>Stammdividende</td><td>/ Bank</td><td>4 200.–</td></tr>
<tr><td>**C**</td><td>3</td><td></td><td>WB Sachanlagen</td><td>/ Ausserordentlicher Ertrag</td><td>50 000.–</td></tr>
<tr><td></td><td></td><td></td><td>Ausserordentlicher Aufwand</td><td>/ Bank</td><td>50 000.–</td></tr>
<tr><td></td><td>4</td><td></td><td>WB Sachanlagen</td><td>/ Sachanlagen</td><td>30 000.–</td></tr>
<tr><td></td><td></td><td></td><td>Bank</td><td>/ Sachanlagen</td><td>140 000.–</td></tr>
<tr><td></td><td>5</td><td>a</td><td>Vorzugsaktienkapital</td><td>/ Bank</td><td>285 000.–</td></tr>
<tr><td></td><td></td><td>b</td><td>Vorzugsaktienkapital</td><td>/ Gesetzliche Kapitalreserve</td><td>15 000.–</td></tr>
<tr><td></td><td>6</td><td></td><td>Vorzugsaktienkapital</td><td>/ Aktienkapital</td><td>500 000.–</td></tr>
<tr><td></td><td></td><td></td><td>Stammaktienkapital</td><td>/ Aktienkapital</td><td>200 000.–</td></tr>
</table>

D

Bilanz nach Gewinnverwendung und Kapitalherabsetzung

Umlaufvermögen			Fremdkapital	
Bank		104 400	Vorzugsdividende	41 600
Übriges Umlaufvermögen		540 000	Stammdividende	7 800
			Tantieme	3 500
			Diverses Fremdkapital	300 000
Anlagevermögen			Eigenkapital	
Sachanlagen	680 000		Aktienkapital	700 000
WB Sachanlagen	–170 000	510 000	Gesetzliche Kapitalreserve	15 000
			Gesetzliche Gewinnreserve	86 400
			Gewinnvortrag	100
		1 154 400		1 154 400

6.15   Rückkauf eigener Aktien (über pari) und sofortige Kapitalherabsetzung

A
Rückkaufspreis brutto	400.–		
– Verrechnungssteuer	133.–	35 % von (400.– – 20.– Nennwert)	
Nettoauszahlung	267.–		

B
1 a	Eigene Aktien	/ Bank	5 340 000.–	(20 000 · 267.–)
b	Eigene Aktien	/ VST-Schuld	2 660 000.–	(20 000 · 133.–)
2	Aktienkapital	/ Eigene Aktien	400 000.–	(20 000 · 20.–)
	Freiwillige Gewinnreserven	/ Eigene Aktien	7 600 000.–	(20 000 · 380.–)
3	VST-Schuld	/ Post	2 660 000.–	

C

Bilanz nach Rückkauf und Vernichtung

Diverse Aktiven	52 600 000	Diverses Fremdkapital	24 600 000
		Eigenkapital	
		Aktienkapital	1 600 000
		Gesetzliche Gewinnreserve	800 000
		Freiwillige Gewinnreserven	25 600 000
	52 600 000		52 600 000

D Bessere Eigenkapitalrendite durch
- Rückzahlung von Eigenkapital, das nicht genügend rentabel eingesetzt werden kann.
- Ersetzen von Eigenkapital durch günstigeres Fremdkapital.

Rückzahlung von Eigenkapital, das nicht für die betriebliche Tätigkeit benötigt wird.
Veränderung der Stimmverhältnisse
Kurssteigerung für die nicht zurückgekauften Aktien

E
Bank	/ Wertschriftenbestand	26 700.–	Nettoauszahlung
VST-Guthaben	/ Wertschriftenbestand	13 300.–	VST-Anspruch
Wertschriftenbestand	/ Wertschriftenertrag oder Finanzertrag	8 000.–	Kursgewinn

F
A		Rückkaufspreis brutto	400.–		
		– Verrechnungssteuer	134.75	35 % von (400.– – 15.–)	
		Nettoauszahlung	265.25		
B 1 a		Eigene Aktien	/ Bank	5 305 000.–	(20 000 · 265.25)
b		Eigene Aktien	/ VST-Schuld	2 695 000.–	(20 000 · 134.75)
2		Aktienkapital	/ Eigene Aktien	400 000.–	(20 000 · 20.–)
		Eigene Aktien	/ Nicht einbez. Aktienkapital	100 000.–	(20 000 · 5.–)
		Freiwillige Gewinnreserven	/ Eigene Aktien	7 700 000.–	(20 000 · 385.–)
3		VST-Schuld	/ Post	2 695 000.–	

6.16 Kauf eigener Aktien (über pari) und spätere Kapitalherabsetzung

Ende 20_2

[A] 1 Eigene Aktien .... / Liquide Mittel 36

Mitte 20_4

[B] 2 a Aktienkapital .... / Eigene Aktien 24

      b Freiwillige Gewinnreserven .... / Eigene Aktien .... 12 ⟶ 65 %

         Freiwillige Gewinnreserven .... / Übr. kfr. Verbindlichkeiten ... 6,5 ⟵ 35 %

   3 a Aktienkapital .... / Stammaktienkapital 300

         Aktienkapital .... / Gesetzl. Kapitalreserve 76 (100–24)

      b Liquide Mittel .... / Prioritätsaktienkapital 100

   4 a Freiwillige Gewinnreserven .... / Verlustvortrag .... 24,5 [1]

      b Gesetzliche Gewinnreserve .... / Verlustvortrag 40

[C]

Bilanz nach Sanierung

Umlaufvermögen		Kurzfristiges Fremdkapital	
Liquide Mittel	107	Verbindlichkeit aus L + L	110
Forderungen aus L + L	80	Übrige kfr. Verbindlichkeiten	8,5
Vorräte	250		
		Langfristiges Fremdkapital	
		Darlehen	220
Anlagevermögen		Hypotheken	300
Mobilien	100		
Imobilien	500	**Eigenkapital**	
		Stammaktienkapital	300
		Prioritätsaktienkapital	100
		Gesetzliche Kapitalreserve	76
		Verlustvortrag	– 65,5
		Verlust	– 12
	1 037		**1 037**

[1] Freiwillige Gewinnreserven

    AB   43

    2b   –12

    2b   – 6,5

    4a   24,5

6.17 Aktienrückkauf mit Put-Optionen und Herabsetzung des Nominalwertes

A

	Rückkaufspreis brutto	900.–
–	Nennwert	25.–
	Reserveauszahlung	875.–
–	Verrechnungssteuer	306.25 35 % von 875.–
+	Nennwertrückzahlung	25.–
	Nettoauszahlung	593.75
	oder	
	Rückkaufspreis brutto	900.–
–	Verrechnungssteuer	306.25 35 % von (900.– – 25.– Nennwert)
	Nettoauszahlung	593.75

B

1		Keine Buchung				
2	a	Eigene Aktien	/ Flüssige Mittel	Nettoauszahlung	11 705 781.25	(19 715 [1] · 593.75)
		Eigene Aktien	/ Übr. kurzfr. Verbindl.	Gutschrift VST	6 037 718.75	(19 715 · 306.25)
	b	Aktienkapital	/ Eigene Aktien	AK-Herabsetzung	492 875.–	(19 715 · 25.–)
		Freie Gewinnres.	/ Eigene Aktien	Res. Ausschüttung	17 250 625.–	(19 715 · 875.–)
	c	Übr. kurzfr. Verbindl.	/ Flüssige Mittel	Überweisung VST	6 037 718.75	
3		Aktienkapital	/ Flüssige Mittel	Nennwertrückzahlung	4 258 440.–	(177 435 [2] · 24.–)

C Bei der Aktiengesellschaft: Keine Verrechnungssteuer
   Beim Aktionär: Keine Einkommenssteuer

D
• Abbau überschüssiger Liquidität
• Steigerung der Eigenkapitalrendite

E Keine Buchung, betrifft nur Delta AG

---

[1] 10 Put-Optionen berechtigen zum Verkauf von 1 Namenaktie
197 150 Put-Optionen berechtigen zum Verkauf von 19 715 Namenaktien (= 10 % aller Namenaktien)
[2] 90 % von 197 150 Namenaktien = 177 435 Namenaktien

7 Liquidation

7.1 Liquidation einer Aktiengesellschaft ohne ordentliche Geschäftstätigkeit in der Liquidationsphase

[A]

1	a	Verbindlichkeiten aus L+L	/ Fahrzeug	8 000.–
	b	Bank	/ Fahrzeug	3 000.–
		Liquidationsverluste	/ Fahrzeug	1 800.–
2		Bank	/ Forderungen aus L+L	35 000.–
		WB Forderungen aus L+L	/ Forderungen aus L+L	2 000.–
		WB Forderungen aus L+L	/ Liquidationsgewinne	1 700.–
3		Bank	/ Mobiliar	7 500.–
		Mobiliar	/ Liquidationsgewinne	2 500.–
4		KK Druck AG	/ Maschinen	330 000.–
		WB Maschinen	/ Maschinen	230 000.–
		WB Maschinen	/ Liquidationsgewinne	90 000.–
5	a	Darlehen	/ KK Druck AG	100 000.–
	b	Zinsaufwand	/ Darlehenszinsschuld	500.–
		Darlehenszinsschuld	/ KK Druck AG	3 000.–
6		Bank	/ KK Druck AG	227 000.–
7		Rückstellungen	/ Liquidationsgewinne	9 000.–
8	a	Verbindlichkeiten aus L+L	/ Bank	20 300.–
	b	Übriger Aufwand	/ Bank	49 000.–

[B] Erfolgsrechnung für die Liquidationsperiode

Liquidationsgewinne		103 200	
Liquidationsverluste	1 800		
Zinsaufwand	500		
Übriger Aufwand	49 000	– 51 300	
Gewinn (der Liquidationsperiode)		51 900	

[C]

Liquidationsschlussbilanz

Umlaufvermögen		Eigenkapital	
Bank	238 500	Aktienkapital	200 000
		Verlustvortrag	– 13 400
		Gewinn (der Liquidationsperiode)	51 900
	238 500		238 500

[D]

1 Liquidationsquote $= \dfrac{238\,500 \cdot 100}{200\,000} = 119{,}25\,\%$

2 Liquidationsanteil je Aktie = 119,25 % von 500.– nom. = 596.25

E	9	Gewinn	/ Verlustvortrag	13 400.–	
	10 a	Gewinn	/ Bank	13 475.–	(35 % von 38 500.–)
	b	Gewinn	/ Bank	25 025.–	(65 % von 38 500.–)
	11	Aktienkapital	/ Bank	200 000.–	

F				
	Liquidationserlös brutto	11 925.–	(20 · 596.25)	
–	Nennwert	10 000.–	(20 · 500.–)	
	Liquidationsüberschuss brutto	1 925.–	= Reservenauszahlung brutto	
–	Verrechnungssteuer	673.75	35 % von 1 925.–	
	Liquidationsüberschuss netto	1 251.25	= Reservenauszahlung netto	
+	Nennwert	10 000.–		
	Liquidationserlös netto	11 251.25	= Nettoauszahlung	
	oder			
	Liquidationserlös brutto	11 925.–	(20 · 596.25)	
–	Verrechnungssteuer	673.75	35 % von (11 925.– – 10 000.– nom.)	
	Liquidationserlös netto	11 251.25	= Nettoauszahlung	

7.2 Liquidation einer Kollektivgesellschaft mit ordentlicher Geschäftstätigkeit in der Liquidationsphase

A	1	Warenaufwand	/ Verbindlichkeiten aus L + L	1 070
	2 a	Forderungen aus L + L	/ Warenertrag	1 543
	b	Kasse	/ Warenertrag	346
	3 a	Post	/ Forderungen aus L + L	1 450
	b	Bank	/ Forderungen aus L + L	244
	4	Warenertrag	/ Forderungen aus L + L	44
	5 a	Verbindlichkeiten aus L + L	/ Post	802
	b	Verbindlichkeiten aus L + L	/ Bank	351
	6	Post	/ Ertrag betriebliche Liegenschaft	19
	7	Aufwand betriebliche Liegenschaft	/ Post	10
	8 a	WB Forderungen aus L + L	/ Forderungen aus L + L	4
	b	WB Forderungen aus L + L	/ Liquidationsgewinne	11
	9	Lohnaufwand	/ Bank	152
	10	Lohnaufwand	/ Privat Keller	30
		Lohnaufwand	/ Privat Müller	30
	11 a	Privat Keller	/ Kasse	24
	b	Privat Müller	/ Kasse	20
	12	Übriger Betriebsaufwand	/ Post	26
	13	Privat Keller	/ Forderungen aus L + L	86
		Liquidationsverluste	/ Privat Keller	5
	14	Verbindlichkeiten aus L + L	/ Post	150
	15	Wertschriften	/ Wertschriftenertrag	4

16	Abschreibungen	/ WB Mobilien	7	½ Jahr
	Aufwand betriebliche Liegenschaft	/ Liegenschaft	10	½ Jahr
17 a	Wertberichtigung Mobilien	/ Mobilien	87	
	KK-Käufer	/ Mobilien	100	
	Mobilien	/ Liquidationsgewinne	47	
b	KK-Käufer	/ Liegenschaft	900	
	Liegenschaft	/ Liquidationsgewinne	410	
	Hypothek	/ KK-Käufer	300	
	Hypothekarzinsschuld	/ KK-Käufer	3	
	Aufwand betriebliche Liegenschaft	/ KK-Käufer	9	
c	Bank	/ KK-Käufer	688	
18	Privat Keller	/ Wertschriften	189	
	Wertschriften	/ Liquidationsgewinne	23	
19	Warenvorrat	/ Liquidationsgewinne	60	
	Warenaufwand	/ Warenvorrat	310	
20	Kapital Keller	/ Privat Keller	264	
	Privat Müller	/ Kapital Müller	10	
21	Gesamtgewinn	/ Kapital Keller	380	
	Gesamtgewinn	/ Kapital Müller	380	

B — Vierstufige Erfolgsrechnung

Warenaufwand	1 380	Warenertrag	1 845
Bruttogewinn	465		
	1 845		1 845
Lohnaufwand	212	Bruttogewinn	465
Abschreibungen	7		
Übriger Betriebsaufwand	26		
Ordentlicher Betriebsgewinn	220		
	465		465
		Ordentlicher Betriebsgewinn	220
Aufwand betriebliche Liegenschaft	29	Ertrag betriebliche Liegenschaft	19
Ord. Unternehmensgewinn	214	Wertschriftenertrag	4
	243		243
Liquidationsverluste	5	Ord. Unternehmensgewinn	214
Gesamtgewinn	760	Liquidationsgewinne	551
	765		765

C — Liquidationsschlussbilanz

Kasse, Post, Bank	1 306	Kapital Keller	516
		Kapital Müller	790
	1 306		1 306

7.3 Liquidation einer Aktiengesellschaft mit Liquidationsüberschuss

[A]

1	420 000 / 350 000 · 100 =	120 %
2	Namenaktie	120.–
	Inhaberaktie	1 200.–

[B]

	Liquidationserlös	420 000.–	
–	Aktienkapital	350 000.–	
	Liquidationsüberschuss	70 000.–	
–	Kapitalreserve (steuerbefreit)	40 000.–	
	Gewinnreserve (steuerbar)	30 000.– ⟶	100 %
	Verrechnungssteuer	10 500.– ⟵	35 %

[C]

1	a	Freiwillige Gewinnreserven	/ Bilanzverlust	24 000.–
	b	Gesetzliche Gewinnreserve	/ Bilanzverlust	4 000.–
2		Gesetzliche Gewinnreserve	/ Bank	10 500.–
3		Gesetzliche Gewinnreserve	/ Bank	19 500.– ①
		Gesetzliche Kapitalreserve	/ Bank	40 000.–
		Aktienkapital	/ Bank	350 000.–

[D]

1	Nennwert	100.–	
	Kapitalreserve	11.43	(40 000 / 350 000 · 50 000) / 500 Aktien
	Gewinnreserve	8.57	(30 000 / 350 000 · 50 000) / 500 Aktien
	Auszahlung brutto	120.–	
–	VST	3.–	(35 % von 8.57)
	Auszahlung netto	117.–	

2	Nennwert	1 000.–	
	Kapitalreserve	114.29	(40 000 / 350 000 · 300 000) / 300 Aktien
	Gewinnreserve	85.71	(30 000 / 350 000 · 300 000) / 300 Aktien
	Auszahlung brutto	1 200.–	
–	VST	30.–	(35 % von 85.71)
	Auszahlung netto	1 170.–	

[E]

Bank	/ Wertschriftenbestand	11 700.–
VST-Guthaben	/ Wertschriftenbestand	300.–
Wertschriftenbestand	/ Wertschriftenertrag	2 000.–

① 34 000.– – 4 000.– – 10 500.– = 19 500.–

7.4 Nachlassliquidation eines Einzelunternehmens

A   **Nachlassstatus (= Bilanz zu Liquidationswerten)**

Post		3500	Verbindlichkeiten aus L+L	94100
Forderungen aus L+L	27500		Bank	51000
WB Ford. aus L+L	– 3000	24500	MWST-Schuld	3200
Wertschriften		34000	Lohnschulden	13200
Rohmaterial		22400	Schuld gegenüber AHV	1000
Fertigfabrikate		24800	Schuld gegen. Vorsorgeeinrichtung	1500
Mobilien und Einrichtungen		16000	Mietzinsschuld	6000
Fahrzeug		13000	Darlehen	25000
Lebensversicherungspolice		8100	Zins für Darlehen von Sutter	200
Münzsammlung		12000	Rückstellung für Nachlasskosten	3000
			Verlustvortrag	– 39900
		158300		158300

B   Schuldenübersicht

Art der Schuld	Total	Amtliche Nachlass-kosten	Speziell gesichert[①]	Privilegiert: Klasse 1 und 2	Nicht privilegiert: Klasse 3
Lieferanten	94100		5000		89100
Bank	51000		34000		17000
MWST	3200				3200
Löhne	13200			13200	
AHV	1000			1000	
Vorsorgeeinrichtung	1500			1500	
Mietzins	6000		6000		
Darlehen	25000		8100		16900
Darlehenszins	200				200
Nachlasskosten	3000	3000			
Total	198200	3000	53100	15700	126400

C   Nachlassdividende

Aktiven gemäss Nachlassstatus		158300
– Amtliche Nachlasskosten	3000	
– Speziell gesicherte Forderungen	53100	
– Privilegierte Forderungen 1. und 2. Klasse	15700	– 71800
Restliche Aktiven für Gläubiger 3. Klasse		86500
Nachlassdividende für Gläubiger 3. Klasse	$\dfrac{86500 \cdot 100}{126400}$	= 68,4335 %

---

①   Durch Pfand, Eigentumsvorbehalt, Retentionsrecht und Rückkaufswert LV.

7.5 Konkurs einer Kommanditgesellschaft

[A]   Konkursstatus (= Bilanz zu Liquidationswerten)

Kasse, Post		12 350	Verbindlichkeiten aus L + L	319 000
Wertschriften		88 400	Kreditbank	85 000
Forderungen aus L + L	136 260		Schuld gegen. Vorsorgeeinrichtung	2 650
WB Ford. aus L + L	– 50 000	86 260	Lohnforderungen der Angestellten	24 700
Privat Moos		6 000	Privat Hilbi	4 000
Vorräte		140 000	Darlehen	112 000
Mobilien		20 000	Verlustvortrag	–139 340
Nicht einbezahlte Kommanditsumme Richard		50 000		
Zinsguthaben bei Richard		5 000		
		408 010		408 010

[B]   Schuldenübersicht

Art der Schuld	Total	Pfand-gesichert	Privilegiert: Klasse 1 und 2	Nicht privilegiert: Klasse 3
Lieferanten	319 000	45 000		274 000
Kreditbank	85 000	85 000		
Vorsorgeeinrichtung	2 650		2 650	
Lohnforderungen der Angestellten	24 700		22 500 [1]	2 200 [2]
Darlehen	112 000			112 000
Forderung Hilbi	4 000			4 000
Total	547 350	130 000	25 150	392 200

[C]   Konkursdividende

Aktiven gemäss Konkursstatus		408 010
– Amtliche Konkurskosten	3 813	
– Pfandgesicherte Forderungen	130 000	
– Privilegierte Forderungen 1. und 2. Klasse	25 150	–158 963
Restvermögen für 3.-Klassgläubiger (Kurrentgläubiger)		249 047

$$\text{Konkursdividende für 3.-Klassgläubiger} \qquad \frac{249\,047 \cdot 100}{392\,200} = 63{,}5\,\%$$

[1]   2. und 3. Quartal (= letzte 6 Monate) sind privilegiert.
[2]   1. Quartal ist nicht mehr privilegiert.

127

7.6 Liquidation einer GmbH

[A]

				Soll	Haben	Betrag
1	a	Post	/ Fertigfabrikate			59000.–
		Liquidationsverluste	/ Fertigfabrikate			32000.–
	b	Post	/ Maschinen			21000.–
		Liquidationsverluste	/ Maschinen			35100.–
2		Verbindlichkeiten aus L+L	/ Post			18600.–
		Verbindlichkeiten aus L+L	/ Liquidationsgewinne			43400.–
3		Darlehen Weiss	/ Liquidationsgewinne			100380.–
4	a	Bank	/ Darlehen Weiss			110000.–
	b	Keine Buchung				
5		Post	/ Fahrzeuge			17000.–
		Fahrzeuge	/ Liquidationsgewinne			500.–
6		Liquidationskosten	/ Post			6500.–
7	a	KK Inkassobüro	/ Dubiose Forderungen aus L+L			4500.–
		KK Inkassobüro	/ Solvente Forderungen aus L+L			26000.–
		Liquidationskosten	/ KK Inkassobüro			1400.–
		Post	/ KK Inkassobüro			29100.–
	b	WB Forderungen aus L+L	/ Dubiose Forderungen aus L+L			4000.–
	c	WB Forderungen aus L+L	/ Liquidationsgewinne			4500.–
8	a	Garantierückstellung	/ Post			3600.–
	b	Garantierückstellung	/ Liquidationsgewinne			10000.–
9		Darlehen Weiss	/ Post			80000.–

[B] Erfolgsrechnung für die Liquidationsperiode 1.7.–31.12.

Liquidationsgewinne		158780
Liquidationsverluste	67100	
Liquidationskosten	7900	– 75000
Gewinn erste Liquidationsperiode		83780

[C]

Liquidationszwischenbilanz vom 31. Dezember

Umlaufvermögen			Langfristiges Fremdkapital		
Kasse, Post	25800		Darlehen Weiss		73020
Solvente Forderungen aus L+L	13000		Garantierückstellung		6400
			Eigenkapital		
			Stammkapital		
			· Weiss	90000	
			· Blau	40000	130000
			Verlustvortrag	–254400	
			Gewinn 1. Liq.-Periode	+ 83780	–170620
		38800			38800

8   Unternehmensteilung

8.1   Ausgliederung

A 1   Ausgliederung Farben / Liquide Mittel 150 000.–

Ausgliederung Farben / Vorräte 660 000.–

Ausgliederung Farben / Maschinen und Einrichtungen 520 000.–

Ausgliederung Farben / Lizenzen 370 000.–

Ausgliederung Farben / Immobilien 1 000 000.–

Verbindlichkeiten aus L+L / Ausgliederung Farben 380 000.–

Übrige kurzfristige Verbindlichkeiten / Ausgliederung Farben 130 000.–

Hypotheken / Ausgliederung Farben 390 000.–

2   Beteiligung / Ausgliederung Farben 1 800 000.–

B Übernahme von Kobra AG [1] / Aktienkapital 1 500 000.–

Übernahme von Kobra AG / Agio 300 000.–

Liquide Mittel / Übernahme von Kobra AG 150 000.–

Vorräte / Übernahme von Kobra AG 660 000.–

Maschinen und Einrichtungen / Übernahme von Kobra AG 520 000.–

Lizenzen / Übernahme von Kobra AG 370 000.–

Immobilien / Übernahme von Kobra AG 1 000 000.–

Übernahme von Kobra AG / Verbindlichkeiten aus L+L 380 000.–

Übernahme von Kobra AG / Übrige kfr. Verbindlichkeiten 130 000.–

Übernahme von Kobra AG / Hypotheken 390 000.–

Agio / Gesetzliche Kapitalreserve 300 000.–

[1]   oder Konto Aktionäre

8.2 Abspaltung

[A] 1

Abspaltung Farben	/ Liquide Mittel	150 000.–
Abspaltung Farben	/ Vorräte	660 000.–
Abspaltung Farben	/ Maschinen und Einrichtungen	520 000.–
Abspaltung Farben	/ Lizenzen	370 000.–
Abspaltung Farben	/ Immobilien	1 000 000.–
Verbindlichkeiten aus L + L	/ Abspaltung Farben	380 000.–
Übrige kurzfristige Verbindlichkeiten	/ Abspaltung Farben	130 000.–
Hypotheken	/ Abspaltung Farben	390 000.–

2 **Variante I**

Freiwillige Gewinnreserven	/ Abspaltung Farben	1 800 000.–
Freiwillige Gewinnreserven	/ Übrige kfr. Verbindlichkeiten	807 692.– [1]

Variante II

Liquide Mittel	/ Abspaltung Farben	1 500 000.–
Freiwillige Gewinnreserven	/ Abspaltung Farben	300 000.– [2]

Variante III

Liquide Mittel	/ Abspaltung Farben	1 800 000.–

Variante IV

Liquide Mittel	/ Abspaltung Farben	2 250 000.–
Abspaltung Farben	/ Ausserordentlicher Ertrag	450 000.–

[B]

Aktionäre	/ Aktienkapital	1 500 000.–
Aktionäre	/ Agio	300 000.–
Liquide Mittel	/ Aktionäre	150 000.–
Vorräte	/ Aktionäre	660 000.–
Maschinen und Einrichtungen	/ Aktionäre	520 000.–
Lizenzen	/ Aktionäre	370 000.–
Immobilien	/ Aktionäre	1 000 000.–
Aktionäre	/ Verbindlichkeiten aus L + L	380 000.–
Aktionäre	/ Übrige kfr. Verbindlichkeiten	130 000.–
Aktionäre	/ Hypotheken	390 000.–
Agio	/ Gesetzliche Gewinnreserve [3] oder Gesetzliche Kapitalreserve [4]	300 000.–

[C]

Aktienkapital	/ Abspaltung Farben	1 500 000.–
Freiwillige Gewinnreserven	/ Abspaltung Farben	300 000.–

[1] Verrechnungssteuer bei der Kobra AG, da sie Gratisaktien abgibt: 1 500 000.– / 65 · 35 = 807 692.–
[2] Keine Verrechnungssteuer bei der Kobra AG, weil diese Reserven in die neue Gesellschaft Coloris AG übergehen.
[3] Für Varianten I + II, weil die 300 000.– aus steuerbaren freiwilligen Gewinnreserven der Kobra AG stammen.
[4] Für Varianten III + IV, weil die 300 000.– bei der Kobra AG einbezahlt wurden und steuerbefreit sind.

8.3 Spin-off und Abgabe von Anrechten zum entgeltlichen Bezug von Aktien des abgespaltenen Unternehmensteils

A

1	Abspaltung Bica SA	/ Diverse Aktiven	2 000
	Diverses Fremdkapital	/ Abspaltung Bica SA	920
2	Keine Buchung		
3	a Flüssige Mittel	/ Abspaltung Bica SA	400
	b Keine Buchung für den Verkauf der Optionen an der Börse		
	Flüssige Mittel	/ Abspaltung Bica SA	100
	c Keine Buchung für den Verkauf der Optionen an die Hausbank		
	Flüssige Mittel	/ Abspaltung Bica SA	200
4	Gesetzliche Kapitalreserve	/ Abspaltung Bica SA	250
	Freiwillige Gewinnreserven	/ Abspaltung Bica SA	130

B

1	Aktionäre	/ Aktienkapital	700
	Aktionäre	/ Agio	380
2	Diverse Aktiven	/ Aktionäre	2 000
	Aktionäre	/ Diverses Fremdkapital	920
3	Agio	/ Gesetzliche Kapitalreserve	250
	Agio	/ Freiwillige Gewinnreserven	130

C

Gründungsbilanz Bica SA

Umlaufvermögen		Kurzfristiges Fremdkapital	
Flüssige Mittel	100	Verbindlichkeiten aus L + L	170
Forderungen aus L + L	300	Verbindl. gegenüber Banken	250
Vorräte	500		
		Langfristiges Fremdkapital	
Anlagevermögen		Hypotheken	400
Finanzanlagen	120	Rückstellungen	100
Sachanlagen	900		
Immaterielle Werte	80	**Eigenkapital**	
		Aktienkapital	700
		Gesetzliche Kapitalreserve	250
		Freiwillige Gewinnreserven	130
	2 000		2 000

8.4 Aufspaltung

A
1	Aufspaltung Anteil Verpack AG	/ Liquide Mittel	3
	Aufspaltung Anteil Verpack AG	/ Forderungen	4
	Aufspaltung Anteil Verpack AG	/ Vorräte	8
	Aufspaltung Anteil Verpack AG	/ Sachanlagen	15
	Aufspaltung Anteil Verpack AG	/ Finanzanlagen	2
	Verbindlichkeiten aus L+L	/ Aufspaltung Anteil Verpack AG	4
	Übrige kurzfristige Verbindlichkeiten	/ Aufspaltung Anteil Verpack AG	1
	Finanzverbindlichkeiten	/ Aufspaltung Anteil Verpack AG	10
	Rückstellungen	/ Aufspaltung Anteil Verpack AG	2
2	Aktienkapital	/ Aufspaltung Anteil Verpack AG	10
	Reserven	/ Aufspaltung Anteil Verpack AG	5

B
Aktionäre	/ Aktienkapital	10
Aktionäre	/ Gesetzliche Gewinnreserve[1] oder Gesetzliche Kapitalreserve[2]	5
Diverse Aktiven	/ Aktionäre	32
Aktionäre	/ Diverses Fremdkapital	17

C Das gesamte Aktienkapital der beiden neuen Gesellschaften ist nach der Aufspaltung nicht grösser als das Aktienkapital der untergehenden Gesellschaft, d.h. es wurde kein neues Aktienkapital zu Lasten der Reserven geschaffen.

---

[1] Falls der Betrag von 5 aus steuerbaren Gewinnreserven der Donmix stammt.
[2] Falls der Betrag von 5 aus der steuerbefreiten Kapitalreserve der Donmix stimmt.

8.5 Unternehmensteilung nach zwei Arten (Ausgliederung und Abspaltung)

A

Bilanz der Eltech AG

Umlaufvermögen	342 000	Diverses Fremdkapital	235 000
Anlagevermögen	717 000	Aktienkapital	400 000
Beteiligung	140 000	Gesetzliche Kapitalreserve	190 000
		Gesetzliche Gewinnreserve	174 000
		Freiwillige Gewinnreserven	200 000
	1 199 000		1 199 000

Bilanz der Raumtech AG

Umlaufvermögen	98 000	Diverses Fremdkapital	80 000
Anlagevermögen	122 000	Aktienkapital	100 000
		Gesetzliche Kapitalreserve	40 000
	220 000		220 000

Bei einer Ausgliederung kann das Agio bei der Tochtergesellschaft als steuerfreie Kapitalreserve ausgewiesen werden.

B Variante I

Bilanz der Eltech AG

Umlaufvermögen	342 000	Diverses Fremdkapital	235 000
Anlagevermögen	717 000	Aktienkapital	400 000
		Gesetzliche Kapitalreserve	50 000
		Gesetzliche Gewinnreserve	174 000
		Freiwillige Gewinnreserven	200 000
	1 059 000		1 059 000

Bilanz der Raumtech AG

Umlaufvermögen	98 000	Diverses Fremdkapital	80 000
Anlagevermögen	122 000	Aktienkapital	100 000
		Gesetzliche Kapitalreserve	40 000
	220 000		220 000

Diese Variante ist verrechnungs- und einkommenssteuerfrei, weil verrechnungssteuerfreie Kapital-reserve der Eltech AG von 140 000.– in verrechnungssteuerfreies Aktienkapital von 100 000.– und verrechnungssteuerfreie Kapitalreserve von 40 000.– der Raumtech AG umgewandelt werden.

Variante II

Bilanz der Eltech AG

Umlaufvermögen	342 000	Diverses Fremdkapital	235 000
Anlagevermögen	717 000	Aktienkapital	300 000
		Gesetzliche Kapitalreserve	150 000
		Gesetzliche Gewinnreserve	174 000
		Freiwillige Gewinnreserven	200 000
	1 059 000		1 059 000

Bilanz der Raumtech AG

Umlaufvermögen	98 000	Diverses Fremdkapital	80 000
Anlagevermögen	122 000	Aktienkapital	100 000
		Gesetzliche Kapitalreserve	40 000
	220 000		220 000

Diese Variante ist ebenfalls verrechnungs- und einkommenssteuerfrei.

Variante III

Bilanz der Eltech AG

Umlaufvermögen	342 000	Verrechnungssteuerschuld	53 846 [1]
Anlagevermögen	717 000	Übriges Fremdkapital	235 000
		Aktienkapital	400 000
		Gesetzliche Kapitalreserve	190 000
		Gesetzliche Gewinnreserve	174 000
		Freiwillige Gewinnreserven	6 154
	1 059 000		1 059 000

Bilanz der Raumtech AG

Umlaufvermögen	98 000	Diverses Fremdkapital	80 000
Anlagevermögen	122 000	Aktienkapital	100 000
		Gesetzliche Gewinnreserve	40 000 [2]
	220 000		220 000

Diese Variante ist verrechnungs- und einkommenssteuerpflichtig, weil steuerpflichtige Gewinnreserven in verrechnungs- und einkommenssteuerfreies Aktienkapital umgewandelt werden (Gratisaktien).

[1] Berechnung der Verrechnungssteuer: 100 000 / 65 · 35 = 53 846 (Nettomethode)
[2] Dieser Betrag darf nicht als gesetzliche Kapitalreserve erfasst werden, weil im Zuge von Umstrukturierungen verrechnungssteuerbare Reserven nicht in verrechnungssteuerfreie Reserven umgewandelt werden dürfen.